MARCELO DE SIQUEIRA ZERBINI

AUDIÊNCIAS DE CUSTÓDIA

ASPECTOS CONSTITUCIONAIS, PENAIS, ECONÔMICOS E IMINENTES

(t.) TRAMPOLIM jurídico

FICHA TÉCNICA

Editor:
Victor Tagore

Auxiliar Editorial:
Regina Albuquerque

Revisão de texto:
Giulia Batelli

Projeto Gráfico, Capa e Diagramação:
Eward S. Bonasser Jr.

DADOS INTERNACIONAIS DE CATALOGAÇÃO NA PUBLICAÇÃO (CIP)

Z58a Zerbini, Marcelo de Siqueira.
Audiências de custódia: aspectos constitucionais, penais, econômicos e iminentes / Marcelo de Siqueira Zerbini. – Brasília, DF : Trampolim, 2017.
168 p. : il

Inclui legislação.
ISBN: 978-85-92864-74-3

1. Audiência de custódia. 2. Direito Penal. 3. Direitos civis e políticos. 4. Medida cautelar. 5. Prisão cautelar. 6. Direito e economia 7. Direito constitucional. I. Título.
CDU 343.12

Contatos:
Marcelo Zerbini – zerbini.marcelo@gmail.com
Tagore Editora – contato@tagoreeditora.com.br

TRAMPOLIM JURÍDICO é uma marca da TAGORE EDITORA.

TAGORE EDITORA
SRTVS Quadra 701, Bloco O, Edifício Novo Centro Multiempresarial, sala 203.
CEP: 70.340-000, Brasília, DF.

"In principio Dio creò il cielo e la terra."
La Bibbia di Gerusalemme

"Aliás, é em Marx que tudo começa."
Vera Malaguti Batista

SUMÁRIO

PREFÁCIO

O JURISTA MARCELO DE SIQUEIRA ZERBINI E A RECONSTRUÇÃO DA PAIDEIA DO DIREITO NO BRASIL

Uma partícula do nexo frasal de Lucius Annaeus Seneca, o advogado, filósofo e escritor estoico, nascido em Córdoba, na Espanha, e falecido em Roma, então capital do mundo, parece suficiente para definir a personalidade vibrátil de Marcelo de Siqueira Zerbini: "Maior sou e para maiores coisas nasci". O pensador que ora estreia nas letras jurídicas, com a publicação do livro **Audiências de Custódia: aspectos constitucionais, penais, econômicos, e iminentes**, desenvolveu o seu trabalho em diálogo acadêmico com o Professor Doutor Álvaro Luis de Araújo Sales Ciarlini, do que resultou o presente ensaio jurídico que revela, na sua tessitura argumentativa, a capacidade de pesquisa e de análise do jovem jurista brasiliense.

Marcelo de Siqueira Zerbini unifica, em meio a uma realidade fragmentada, personalidade e pensamento, para realizar a construção de um discurso jurídico renovador, o qual configura a expressão típica do que Edgar Morin qualifica ou define como a expressão do pensamento complexo. Eis a explicação do corte transversal com que o proativo pensador esmiúça a ideia de audiência de custódia, estabelecendo a sua dialogia com os desafios, tanto constitucionais e penais quanto econômicos e iminentes.

Nada mais parecido com a resposta necessária ao repto lançado por Immanuel Kant, no texto nascido clássico, **O que é a Ilustração:** "sapere aude", atreva-se a conhecer! Este é o espírito com o qual o jovem jurista realiza o seu autêntico nascimento literário, expresso nas páginas vigorosas do livro ora posto, aristotelicamente, à disposição do público exógeno à Academia. Ei-lo à luz do sol a pino, decidido a combater o bom combate, a empreender a corrida e a guardar a fé na construção do conhecimento.

A aguilhoada que ora fustiga a Paideia do Direito pressupõe, com efeito, a capacidade de iluminá-la por meio de uma ressignificação, que a conduza a repensar a si e as suas circunstâncias, sob os archotes da Sociologia Jurídica e da Filosofia do Direito. O perfil profissiográfico daí derivado, se tudo o mais não permanecer constante e a mudança da educação jurídica for efetivada, compreende a antevisão de um possível Bacharel dotado de capacidade de fazer melhor, em virtude da preliminar de mérito porventura já satisfeita, da necessidade de (re) pensar o Direito.

Sucede que Marcelo de Siqueira Zerbini, intelectualmente prematuro, no verdor da quase ainda adolescência, mais do que promessa, já era o Bacharel em questão, com o qual a antevisão reconstrutiva da Paideia do Direito ainda sonha, nestes tempos de pós-positivismos que mal fermentam, em busca de caminhos de mudança. E agora, jovem Mestre de ofício, o autor coloca as cartas à mesa da reflexão e evidencia, com a notória densidade do estudo jurídico em questão, que as velas estão tensas e pandas, prestes a serem eriçadas pelos ventos que as levarão ao alto-mar, oceano do saber, com a vocação da escrita de um nome, de uma legenda na estela do tempo.

Só o espírito marinheiro de Fernando Pessoa, em "Mar Português", para retratar a expectativa que cerca este acontecimento da estreia, em letra de forma, de uma geração de jovens juristas como Aguinaldo Coelho (**Jusnaturalismo na Teologia de João Calvino**), Vitor Carradore Henrique Silva (**Vontade do Poder no Direito de Propriedade Rural**), Tainá Zils (**Os Excessos da Política de Preservação. Caso: Correntina/BA**), Fabio Pinto Matos (**Desafios Regulatórios da Economia Compartilhada**) e, entre outros, Moisés Pimentel Guedes (**Sistemas jurídicos brasileiro e norte americano comparados**), aos quais se acrescenta a presença de Marcelo de Siqueira Zerbini, com **Audiências de Custódia: aspectos constitucionais, penais, econômicos, e iminentes**:

"Ó mar salgado, quanto do teu sal
São lágrimas de Portugal!
Por te cruzarmos, quantas mães choraram,
Quantos filhos em vão rezaram!

Quantas noivas ficaram por casar
Para que fosses nosso, ó mar!
Valeu a pena? Tudo vale a pena
Se a alma não é pequena.

Quem quere passar além do Bojador
Tem que passar além da dor.
Deus ao mar o perigo e o abismo deu,
Mas nele é que espelhou o céu."

Marcelo de Siqueira Zerbini esquadrinha o seu objeto, discutindo-o à luz do debate do Direito Constitucional e da recorrência ao Direito Internacional, pervagando do Supremo Tribunal Federal à Corte Interamericana de Direitos Humanos, ao discutir da legitimidade institucional ao ativismo judicial. E mais: buscando uma visão holística, o jovem jurista recorre à teoria política, para discutir a função do Estado e refletir sobre os limites penais, a questão cautelar, a condenação do Brasil e as audiências de custódia. Seguindo em frente, o consistente estudioso esboça a crise do sistema prisional e pondera o custo e o benefício do sistema pretérito, comparado com as audiências de custódia, trazendo à baila as questões iminentes dos papéis do juiz e do delegado, bem como a possibilidade da utilização da videoconferência na audiência de custódia.

Compreende-se que Marcelo de Siqueira Zerbini está casado com a renovação da Paideia do Direito, pensando juridicamente a vida do mundo, com o aporte multi e transdisciplinar da Filosofia, da Sociologia e da Economia, em diálogo sintético de formulação do pensamento complexo voltado, entre o abstrato e o complexo, para a discussão de um gravíssimo problema da sociedade brasileira. Qual? O de não educar, tendo que punir, e de, punindo, não preparar para a reintegração social, ao pseudamente recorrer, no sistema prisional, a dois hemisférios em estado falimentar na sociedade nacional: o do trabalho e o da educação.

A publicação de **Audiências de Custódia: aspectos constitucionais, penais, econômicos, e iminentes**, por Marcelo de Siqueira Zerbini, é um banquete do espírito, que carrega consigo o compromisso de novos, crescentes e continuados estudos jurídicos justificadores da sua fértil existência. Que amanhã, depois de décadas sobre décadas de construtivo labor intelectual, para gáudio dos que participaram da modelagem do seu destemido espírito, de navegante em águas profundas do saber, possa repetir com Lúcio Sêneca – "Maior sou e para maiores coisas nasci" – e com Fernando Pessoa – "Valeu a pena? Tudo vale a pena se a alma não é pequena" – na confirmação luminosa de um destino. Que assim seja!

Rossini Corrêa*

*Advogado, Escritor e Filósofo do Direito, com mais de 30 livros publicados, entre os quais se destacam: Saber Direito-Tratado de Filosofia Jurídica; Jusfilosofia de Deus; Crítica da Razão Legal; Bacharel, Bacharéis: Graça Aranha, discípulo de Tobias e companheiro de Nabuco; Teoria da Justiça no Antigo Testamento; José Américo, o Jurista; Política Externa Independente: contribuição critica à história da diplomacia nacional; O Liberalismo no Brasil: José Américo em perspectiva; Brasil Essencial: para conhecer o país em cinco minutos; e O Bloco Bolivariano e a Globalização da Solidariedade: bases para um contrato social universalista. É Membro Titular do Comitê Assessor da Secretaria de Ciência, Tecnologia e Inovação do Estado do Maranhão. Pertence à Academia Brasiliense de Letras - ABRL e à Associação Nacional de Escritores – ANE.

INTRODUÇÃO

senza libro non sara zamai nesuno bono magistro
Fiori Furlano

A Constituição de 1988 inaugurou um momento jurídico brasileiro pautado por diversos Direitos e Garantias Fundamentais devidamente dispostos, mas não necessariamente efetivados. A fixação, definição, e efetivação dos mesmos, assim como seus conteúdos bem como aplicação são reconhecidamente objetos tanto dos Tribunais quanto da Academia, mas recentemente a este rol foram acrescentados os impactos econômicos sociais e políticos oriundos das operações com estes Direitos.

Muito se fala nos direitos sociais e coletivos, nas prestações positivas do Estado, mas ainda hoje, como em outrora, das diversas interações possíveis entre um Estado e seus cidadãos, a interação penal é a mais intensa. É ali que a realidade do indivíduo sofre a maior influência, por parte do Estado, que se vale da aplicação de uma pena.

Nos Estados Modernos, as penas adquiriram três formas: a pena de morte, a pena de cárcere, e a pena de multa. O Brasil acompanhou este mesmo desenvolvimento, e, assim como na maior parte dos países ocidentais, nele, a pena de cárcere se tornou a regra. A particularidade – negativa – do Brasil ocorreu nas instituições das prisões em si: seja pela ojeriza do tema, ou por ele simplesmente não ser uma prioridade política (se cidadãos libertos têm os seus direitos corriqueiramente não atendidos – a saúde e a educação por exemplo –, logicamente, no senso comum, não será a saúde ou a educação de presos que terá prioridade política), as prisões se tornaram estruturas inviáveis, incapazes de atender à demanda de vagas prisionais do país.

Neste cenário caótico, obviamente abundaram violações aos direitos dos presos (mesmo os direitos já efetivados), tendo ocorrido o mesmo com as Audiências de Custódia, que, embora já estivessem dispostas no Pacto Internacional de Direitos Civis e Políticos e no Pacto de São José da Costa Rica (ambos assinados e internalizados ao ordenamento jurídico brasileiro), restaram ignoradas pelo nosso Estado.

Não só os direitos dos encarcerados mencionados acima existem – o que por óbvio implica, em um Estado de Direito, em seu cumprimento – mas também o descaso e a relegação da questão prisional ao último plano fizeram a situação fermentar de tal forma que ela transbordou os muros do cárcere: de trotes de celular a fugas e rebeliões, a falta de controle dos presídios brasileiros se tornou um problema que afetou e afeta diretamente a sociedade não condenada.

Em resposta ao agravamento da situação prisional, foi protocolada junto ao Supremo Tribunal Federal a ADPF 347, que pediu ao Tribunal que cobrasse o Estado brasileiro para que este cumprisse suas diversas obrigações constitucionais e legais quanto às prisões. Dentre estas obrigações, se destacou a realização das Audiências de Custódia. Após a decisão do STF, as prisões realizadas por agentes do executivo passaram a ser revistas, em audiência, com a presença de todos os atores processuais – Juiz, Defesa, e Acusação.

Já na petição inicial que cobrou a efetivação do instituto aos votos dos Ministros da Suprema Corte, o custo de se realizar estas Audiências – de se efetivar este direito que já restava disposto no ordenamento brasileiro – foi constantemente citado, sendo este o tema deste trabalho: a interação entre o Direito e a Economia no que se refere às Audiências de Custódia no Brasil.

A presente pesquisa investigará, dentro da situação brasileira logo após a implementação das Audiências de Custódia, como, no que se refere a estas Audiências, se relacionam os fundamentos metafísicos do Direito com o pensamento pragmático da Economia. Sinteticamente, o problema de pesquisa pergunta em que medida a realidade econômica pode impor limites à efetivação da garantia do cidadão brasileiro à Audiência de Custódia.

A hipótese a ser averiguada afirma que, em que pese uma análise econômica preliminar pareça indicar que as Audiências de Custódia seriam desnecessárias e custosas (ou nas piores estimativas economicamente inviáveis), ao se adotar um raciocínio que concilie o Direito com a Economia, isto é, que também inclua no modelo econômico grandezas oriundas do Direito, têm-se que a implementação deste novo momento processual faz tanto sentido econômico, quanto jurídico.

O principal marco teórico utilizado será Posner, autor que estruturou de forma robusta o pensamento do *Law & Economics.* Para as questões penais e processuais penais, haverá um marco teórico subjacente: Ferrajoli, o idealizador do Garantismo Penal.

Em relação à técnica, este trabalho será estritamente bibliográfico, analisando profundamente e subjetivamente os temas que circundam as Audiências de Custódia no Brasil. Ele terá quatro capítulos. O primeiro fará um escrutínio do instituto da audiência de custódia *per se,* tendo por ponto de partida a Inicial da Ação de Descumprimento de Preceito Fundamental 347, protocolada no Supremo Tribunal Federal, e o Voto Liminar do Ministro Relator que cobrou a efetivação do instituto. Em seguida se fará uma regressão histórica demonstrando a disposição do instituto no Pacto Internacional sobre Direitos Civis e Políticos e no Pacto de São José da Costa Rica. Por fim, se questionará como o voto liminar se classifica dentro da metáfora dos Juízes Hércules e Hermes de Ronald Dworkin, e se tal ato teria sido ou não ativista, segundo as dimensões de Bradley Canon.

O capítulo 2 tratará dos aspectos filosóficos penais que envolvem o tema. Ele iniciará recordando qual é, segundo os contratualistas (Hobbes, Rousseau, e Locke), a função do Estado, sob quais circunstâncias o Estado poderia punir um de seus cidadãos, e quais são as formas possíveis e os limites (principalmente a presunção de inocência) destas punições. Em seguida, será exposto o Sistema Garantista de Luigi Ferrajoli que será comparado com o sistema punitivo brasileiro. O terceiro tópico intitulado "A Questão Cautelar" expõe os choques entre a aplicação de medidas cautelares e o garantismo penal, com destaque para a situação peculiar da América Latina, reconhecida e criticada por Zaffaroni que afirma ter a região um "sistema penal cautelar latino americano" próprio. Por fim, será descrito como são as prisões anteriores à condenação no Brasil, e qual o efeito das Audiências de Custódia nesta realidade.

Os contratualistas foram escolhidos como o ponto de partida para o raciocínio penal pois foram eles quem abstratamente organizaram o Estado Moderno, a forma de organização pública que ainda perdura na contemporaneidade, *i.e.* eles são os mais antigos que descreveram o que ainda existe hoje. Seria possível iniciar o raciocínio penal em qualquer outro ponto temporal, tanto posterior aos contratualistas (como a própria atualidade) quanto anterior (por exemplo a Inquisição, ou mesmo Roma Antiga; incidentalmente estes dois últimos serão brevemente mencionados ao longo do texto), mas o que se mostrou mais organizado foi adotar o marco inicial neles.

O terceiro capítulo abordará os aspectos econômicos das Audiências de Custódia. O capítulo inicia apontando que o problema prisional brasileiro é decorrência da superlotação dos presídios, o que se traduz para uma questão de *escassez*. Sendo esta a questão fundamental prisional, e sendo a *existência da escassez* a razão de ser da Economia, conclui-se que pensar economicamente sobre as prisões brasileiras é lógico. No tópico seguinte, é exposta a área de estudos *Law & Economics* como descrita por Cooter e Ulen, Polinski, e Posner; área esta que prega a análise conjunta dos problemas, usando tanto o Direito quanto a Economia. Definida as bases do *Law & Economics*, será feita uma análise econômica das Audiências de Custódia. O penúltimo tópico fará uma exposição sobre o sistema de três perguntas que Polinski propôs na conclusão de sua obra, perguntas estas que segundo o autor devem ser consideradas em uma análise econômica do Direito (este raciocínio será fundamental para o terceiro tópico do capítulo quatro). O capítulo terminará com um modelo matemático que compara o Sistema das Audiências de Custódia com o seu antecessor (o Sistema da Análise de Autos).

Finalmente, o último capítulo enfrentará as novas questões que surgiram com a implementação das Audiências de Custódia. Ele inicia expondo a problemática do prazo para a apresentação do preso ao juiz, da sua subjetiva previsão internacional – "sem demora" – até sua definição em 24 horas, suas formas de cálculo e extrapolação. O segundo tópico trata da possibilidade da realização das audiências de custódia por videoconferências, tema que já foi considerado no Legislativo e que possui um forte argumento de redução de custos. Por último, se fará uma dedução a partir da estrutura da prisão em flagrante, que conclui que seria lógico, dentro do sistema brasileiro atual, se atribuir ao Delegado de Polícia a capacidade de decretar medidas cautelares diversas da prisão, em caso de flagrante, a serem convalidadas – *redecretadas* – pelo juiz.

CAPÍTULO I

A AUDIÊNCIA DE CUSTÓDIA *PER SE*

1.1 A Ação de Descumprimento de Preceito Fundamental 347

Em face à situação caótica do sistema prisional brasileiro comparada por mais de uma vez e por autoridades diferentes com o Inferno como descrito por Dante Alighieri em sua *Magnum opus* La Divina Commedia[1], o Partido Socialismo e Liberdade (PSOL) ajuizou em 2015 a Arguição de Descumprimento de Preceito Fundamental nº 347, onde pediu ao Supremo Tribunal Federal (STF) que reconhecesse

1 "Então, agora, nós vamos facilitar a entrada de pessoas neste verdadeiro inferno de Dante, que é o nosso sistema prisional?" (Lewandowski, Acórdão do *habeas corpus* 126.292, p.98); "As prisões (no Brasil) são como o inferno. Os políticos não se importam, pois (delas) não há retorno político: votos" (Barbosa *apud* Barrucho, 2014); "O ministro Gilmar Mendes definiu o sistema carcerário nacional como "inferno" de 500 mil presos, sendo metade deles em caráter provisório e cerca de 70 mil presos ilegalmente em delegacias." (Redação Carta Capital, 2012); "A política sem partidos, o Estado sem efetividade, entre outros fatores, conduz a um Judiciário que não deveria ser aclamado como a ponte de salvação única entre o inferno e o céu, como se deflui do uso de trecho da 'Divina Comédia' na petição Inicial." (Fachin, Acórdão da ADPF 347, p. 49); "... permito-me o registro de que a metáfora, lembrada da tribuna e também invocada pelo Ministro Fachin, Inferno de Dante me parece absolutamente adequada quando se trata do sistema prisional brasileiro." (Rosa Weber, Acórdão da ADPF 347, p. 105).

o *estado de coisas inconstitucional* do sistema penitenciário brasileiro, e a partir daí fez diversos pedidos que cobram do Poder Público uma atualização sistêmica de enfrentamento ao problema. Para compreender a considerável complexidade do ato, é necessário preliminarmente definir a "Arguição de Descumprimento de Preceito Fundamental".

A Arguição de Descumprimento de Preceito Fundamental (ADPF) é uma das ações que formam o sistema de controle de constitucionalidade brasileiro, tendo sido prevista no texto original da Constituição da República Federativa do Brasil de 1988, ainda nos idos da constituinte, no então parágrafo único[2] do artigo 102[3]. Apesar da existência da disposição constitucional que previa o instituto, esta possuía eficácia limitada, dependendo de uma lei que estabelecesse sua forma, que demorou mais de dez anos para ser legiferada:

> Assim o disse o próprio STF, quando apreciou o Agravo Regimental na Pet 1140/TO (REl. Min, Sydney Sanches) pelo Plenário. O Relator, na oportunidade, registrou: "(...) enquanto não houver lei estabelecendo a forma pela qual será apreciada a arguição de descumprimento de preceito fundamental, decorrente da Constituição, o STF não pode apreciá-la. (LEAL, 2010, p. 308)

---

2 A emenda constitucional nº3 acrescentou outros parágrafos a este artigo, o que alterou a sua numeração de "único" para "primeiro".

3 "Art. 102. Compete ao Supremo Tribunal Federal, precipuamente, a guarda da Constituição, cabendo-lhe: (...) Parágrafo Único: A argüição de descumprimento de preceito fundamental, decorrente desta Constituição, será apreciada pelo Supremo Tribunal Federal, na forma da lei." (BRASIL, Texto Original da Constituição)

Adveio então a Lei nº 9.882 de 1999[4] para estabelecer especificamente o processo da Arguição de Descumprimento Preceito Fundamental. Esta lei prevê em seu primeiro artigo as hipóteses de cabimento do instituto: corrigir ou impedir dano a preceito fundamental decorrente de ato do Poder Público. Em seu artigo segundo, ela apresenta o rol dos legitimados a propor a ação – os mesmos legitimados a propor a Ação Direta de Inconstitucionalidade, conforme disposto no artigo 103 da Constituição Federal. O terceiro artigo informa os tópicos que deverão constar na petição inicial. Do artigo quarto em diante, são tratadas questões procedimentais.

Vale destacar os termos do artigo 3º da referida lei vez que ele apresenta a estrutura geral que as petições desta forma processual deverão conter:

> Art. 3º A petição inicial deverá conter:
> I – a indicação do preceito fundamental que se considera violado;
> II – a indicação do ato questionado;
> III – a prova da violação do preceito fundamental;
> IV – o pedido, com suas especificações;
> V – se for o caso, a comprovação da existência de controvérsia judicial relevante sobre a aplicação do preceito fundamental que se considera violado.

O inciso I faz menção àquilo que é o objeto da ADPF: o preceito fundamental. O texto legal contudo se furtou a definir o instituto, de forma que, com o vácuo de positivação,

4 Mendes e Branco (2014) apresentam um relato do histórico de produção desta lei.

restou à doutrina e à jurisprudência estabelecer sua devida compreensão. Bulos recorreu ao próprio texto constitucional para tratar do tema:

> Qualificam-se de fundamentais os grandes preceitos que informam o sistema constitucional, que estabelecem comandos basilares e imprescindíveis à defesa dos pilares da manifestação constituinte originária.
> Podem ser consideradas *preceitos fundamentais* as diretrizes insculpidas no pórtico do artigo 1º da Constituição de 1988, quais sejam, a soberania, a cidadania, a dignidade da pessoa humana, os valores sociais do trabalho, da livre iniciativa, do pluralismo político. (BULOS, 2010, p. 324)

Leal entendeu que cabe ao Supremo Tribunal Federal a definição do que é "preceito fundamental", se limitando a exemplificar possíveis contornos da ainda neófita jurisprudência concernente ao tema:

> Cabe ao STF definir caso a caso, pela construção da sua jurisprudência, o que é preceito fundamental. A própria Corte é quem o diz: "Compete ao Supremo Tribunal Federal o juízo acerca do que se há de compreender, no sistema constitucional brasileiro, como preceito fundamental". (LEAL, 2010, p. 315)
>
> O Pleno do Supremo avançou na fixação de parâmetros acerca do que seria preceito fundamental. Disse o Tribunal: "Em jogo valores consagrados na Lei Fundamental – como o são os da dignidade da pessoa humana, da saúde, da liberdade, e autonomia da manifestação da vontade, e

da legalidade –, considerados a interrupção da gravidez de feto anencéfalo e os enfoques diversificados sobre a configuração do crime de aborto, adequada surge a Arguição de Descumprimento de Preceito Fundamental". (LEAL, 2010 p. 317)

Além das duas soluções acima, há ainda o caminho da etimologia, de escrutinar – de forma gramatical e semântica – o significado de "preceito" e "fundamental". Para tanto faz-se necessário recorrer às definições brutas, mas não enviesadas, dos dicionários[5]:

> **Preceito.** [do lat. *praeceptu*] S.m. **1.** Regra de proceder; norma. **2.** Ensinamento, doutrina. **3.** Ordem, determinação, prescrição – **Preceito Pascal.** Rel. obrigação de comungar pela Páscoa. **A preceito 1.** Com todas as regras. **2.** Por miúdo; minuciosamente, particularizadamente: "dava tudo para conseguir desmontar este meu mecanismo psicológico de poeta. Gostava de saber a *preceito o* que se passa cá por dentro. " (Miguel Torga, Diário, IX, p. 153.) (FERREIRA, 1975, p. 1127)

Pela definição da primeira palavra, tem-se que ela é uma forma um tanto poetizada e etérea de "norma", "regra". Quanto ao segundo termo, por ser ele um adjetivo (fundamental é a qualidade do que tem fundamento), faz-se necessário analisar tanto "fundamental" quanto "fundamento".

5 Surgiu uma considerável dúvida na escolha do dicionário que seria utilizado para fazer a citação dos termos. Ao final, empataram-se os dois grandes: Aurélio e Houaiss, tendo sido preferido o primeiro por força da conclusão do artigo de Biderman (2002).

> **Fundamental.** *Adj. 2 eg.* **1.** Que serve de fundamento. **2.** Básico, essencial, necessário: *princípios fundamentais.* (FERREIRA, 1975, p. 662)

> **Fundamento.** [do lat. *Fundamentu.*] S.m. **1.** Base, alicerce: "A estas doze portas respondiam outros tantos fundamentos, sobre os quais assentava toda a cidade" (P[e]. Antônio Vieira, Sermões, VI, p. 191). **2.** Razões ou argumentos em que se funda uma tese, concepção, ponto de vista, etc.; base, apoio. **3.** Razão justificativa; motivo: *qual o fundamento do seu pedido de demissão* **4.** Filos aquilo sobre o que se apoia quer um dado domínio do ser (e então fundamenta a garantia ou razão de ser), quer uma ordem ou conjunto de conhecimentos (e então o fundamento é o conjunto de proposições e de ideias mais gerais ou mais simples de onde esses conhecimentos se deduzem). (FERREIRA, 1975, p.663)

A definição de "fundamento" é mais rica e cria diversas abstrações que ajudam a tatear o que seriam os preceitos fundamentais. De pronto, na primeira definição de forma concreta: base, alicerce, *i.e.* aquilo que mantém a estrutura de algo. Nos itens seguintes, as ideias passam a ser mais subjetivas e disformes: razão, concepção, ponto de vista, motivo. Arguição de Descumprimento de Preceito Fundamental, portanto, seria uma arguição da ocorrência de um desrespeito a um ponto de vista constitucional, aos motivos constitucionais, etc.

O raciocínio etimológico, embora inicie da forma mais mundana - recorrendo ao dicionário –, converge para encontrar com a posição dos dois doutrinadores no que se refere à definição de preceito fundamental.

Os outros incisos do artigo 3º da lei nº 9.882 de 1999 são autoexplicativos (indicação do ato questionado, prova, etc.). Quanto a eles, a ADPF 347 os atendeu, incluindo-os em sua estrutura própria, formada por nove tópicos.

O primeiro tópico da ADPF 347 faz uma introdução à realidade carcerária brasileira, comparando-a com a proposta constitucional e ponderando sobre a responsabilidade do Supremo Tribunal Federal nesta situação. São apresentados: diversos dados criminológicos; as disposições constitucionais incompatíveis com a situação carcerária – dignidade da pessoa humana (artigo 1º, inciso III), proibição de tratamento desumano ou degradante (artigo 5º, III), vedação às sanções cruéis (artigo 5º, inciso XLVII, "e"), respeito à integridade física e moral do preso (artigo 5º, inciso XLIX) –; e se afirma que dada a inexpressividade política dos presos (que não votam), não há interesse por parte dos poderes eleitos para investir no sistema prisional, por isso, restaria ao Poder Judiciário, em específico ao Supremo Tribunal Federal, enfrentar a situação.

Ao final deste tópico, há um parágrafo que bem resume o intento da petição:

> Nesta ADPF, postula-se em síntese, que esta Corte reconheça e declare o estado de coisas inconstitucional do sistema prisional brasileiro, e, diante disso, imponha a adoção de uma série de medidas voltadas à promoção da melhoria das condições carcerárias do país e à contenção e reversão do processo de hiperencarceramento que o Brasil vivencia. (SUPREMO TRIBUNAL FEDERAL, ADPF 347, Inicial, p. 7)

No segundo tópico, é exposta a doutrina colombiana do *estado de coisas inconstitucional* e também abordadas práticas semelhantes a ela em outros países. Segundo narrado, referida doutrina é utilizada em casos de violações graves e sistêmicas à ordem constitucional, sendo necessárias quatro condições para que se declare o *estado de coisas inconstitucional*:

> (i) Vulneração massiva e generalizada de direitos fundamentais de um número significativo de pessoas; (ii) prolongada omissão das autoridades no cumprimento de obrigações para garantia e promoção dos direitos; (iii) a superação das violações de direitos pressupõe a adoção de medidas complexas por uma pluralidade de órgãos, envolvendo mudanças estruturais, que podem depender da alocação de recursos públicos, correção das políticas públicas existentes ou formulação de novas políticas dentre outras medidas; e (iv) potencialidade de congestionamento da justiça, se todos os que tiverem os seus direitos violados acorrerem individualmente ao Poder Judiciário. (SUPREMO TRIBUNAL FEDERAL, ADPF 347, Inicial, p. 7)

As técnicas jurisdicionais semelhantes apontadas pela Inicial foram: nos Estados Unidos da América, os *prison reform cases* e o caso *Brown vs. Plata* onde, em ambos os casos, houve a intervenção do Poder Judiciário na administração pública, no primeiro nomeando interventores, e no segundo determinando inclusive a soltura de presos; na África do Sul, no caso *Grootboom*, o Judiciário determinou a reformulação da política estatal referente a moradias para pessoas miseráveis; da Argentina vem o "caso Verbitsky", um *habeas corpus* coletivo de todas as pessoas que estavam irregularmente detidas em estabelecimentos policiais superlotados, que ao ser decidido pela Suprema Corte, esta cobrou da Província de Buenos Aires um plano para mudar a política criminal e prisional; e por último, na Corte Européia de Direitos Humanos, que vale de suas *arrét pilot* para apontar "problemas sistêmicos e indicar soluções genéricas"(ADPF 347, Inicial) – podendo estas inclusive requerer a formulação de políticas públicas – esta sendo a mesma técnica utilizada no caso *Torregiani e outros v. Italia.*

No terceiro tópico, a petição trata do cabimento da ADPF nos termos do artigo 3º da Lei 9.882 de 1.999. De início, são apontados como violações a preceito fundamental (inciso I do artigo mencionado), o desrespeito sistêmico e constante no sistema prisional ao princípio da dignidade da pessoa humana e aos incisos do artigo 5º da Constituição já mencionados acima. São elencados como "ato do poder público" (inciso II do referido artigo) diversas condutas comissivas e omissivas da União e dos Estados com destaque para: o contingenciamento de recursos do Fundo Penitenciário; a não estruturação das Audiências de Custódia – muito embora exista a previsão legal pelo Pacto Internacional sobre Direitos Civis e Políticos, e no Pacto de São José[6] da Costa Rica; assim como o crescimento e encrudescimento das leis penais, em claro populismo penal. Ao final deste tópico, é arguido que não havia outro meio que não a ADPF para sanar o dano.

O quarto tópico apresenta as duas principais críticas que são feitas a esta forma de decisão. A primeira, de que não é democrática, por ser essencialmente uma interferência do

6 Em que pese a grafia original em castelhano da capital da Costa Rica, onde o referido pacto foi assinado, ser "San José", esta dissertação segue a opção feita pelo decreto nº 678/92 que internalizou a norma internacional no ordenamento brasiliero, pela forma aportuguesada: "São José".

Poder Judiciário nos outros Poderes; e a segunda, de que esta forma não seria eficiente, por faltar aos magistrados a *expertise* executória necessária para realizar as mudanças.

A crítica quanto a democracia é respondida na petição com o argumento de que, por haver violações a direitos [fundamentais], estas não podem deixar de ser apreciadas pelo Judiciário[7]; quanto à questão de eficiência, é apontado que, nesta atuação jurisdicional, o Judiciário não engendra as mudanças devidas, mas cobra este ato do Executivo e do Legislativo.

No quinto tópico, há um importante argumento, de que as alterações propostas pela Inicial da ADPF 347 no sistema prisional podem inclusive gerar economia aos dinheiros públicos. A hipótese é: manter uma pessoa detida exige um gasto elevadíssimo. Como o pleito da ADPF é essencialmente implementar *alternativas ao encarceramento*, estas alternativas seriam mais baratas que o encarceramento. Esta hipótese será analisada no capítulo terceiro desta obra.

O sexto tópico inicia tratando da *superlotação prisional* e de como esta seria a causa de todos os problemas no sistema carcerário. O tópico segue apresentando diversos exemplos de dispositivos legais que são simplesmente e casualmente ignorados pelo poder público, como normas de alimentação, de arquitetura prisional (número de especialidades – agentes penitenciários, médicos, enfermeiros, psicólogos, etc. – por centena de preso, etc.), e disposições constitucionais que recebem o mesmo destratamento (acesso à justiça, assistência religiosa, etc.).

---

7 Nos termos do inciso XXXV, do artigo 5º da Constituição Federal: "a lei não excluirá da apreciação do Poder Judiciário lesão ou ameaça a direito".

O sétimo tópico trata das efetivas mudanças que a petição vem à Corte pedir, no total de quatro: a primeira é a elaboração de planos por parte dos Executivos da União e dos Estados para adequar os sistemas prisionais às disposições legais e constitucionais, planos estes que deveriam ser monitorados pelo Poder Judiciário; a segunda é a efetivação das Audiências de Custódia – ato que sequer pressupõe o reconhecimento do *estado de coisas inconstitucional* – nos termos de sua previsão legal, pelo artigo 9.3 do Pacto dos Direitos Civis e Políticos, e pelo artigo 7.5 da Convenção Interamericana de Direitos Humanos – Pacto de São José da Costa Rica; o terceiro é a diminuição na utilização das prisões cautelares, exigindo que as decisões que as decretem fundamentem o motivo pelo qual não foram utilizadas as medidas cautelares diversas da prisão; e, por fim, o reconhecimento do *estado de coisas inconstitucional* no que se refere ao sistema prisional.

No oitavo e no nono tópicos, são elencados os pedidos cautelares e definitivos, respectivamente.

Em seu voto cautelar, publicado em 27 de agosto de 2015, após o relatório, o Ministro Relator cita diversos julgados[8] que assistemicamente trataram tanto do drama carcerário quanto de assuntos correlatos, entendendo pela relevância suficiente da matéria para ser pauta da Suprema Corte. No mérito ele reconheceu: a "situação vexaminosa do sistema prisional brasileiro"; que estas violações colaboram para o aumento da criminalidade; que o Poder Público é responsável pela situação, tanto no sentido de ter sido ele

8 Recurso Extraordinário nº 580.252/MS; Ação Direta de Inconstitucionalidade nº 5.170/DF; Recurso Extraordinário nº 641.320/RS; Ação Direta de Inconstitucionalidade nº 5.356/MS; e Recurso Extraordinário nº 592.581/RS.

seu causador, por intensa e repetida omissão; e pela possibilidade de o Supremo Tribunal Federal – devidamente provocado – iniciar esta alteração.

Ao final, foram deferidos parcialmente os pedidos da Inicial para que: as decisões de prisão provisória fossem motivadas e que se fundamentasse o motivo da não utilização de medidas alternativas à prisão; as Audiências de Custódia fossem iniciadas; as decisões referentes às prisões considerassem o quadro caótico do sistema prisional; que fossem utilizadas quando possível penas alternativas à prisão; e que a União disponibilizasse os valores constantes no Fundo Penitenciário Nacional para sua finalidade, sendo a União impedida de efetuar contingenciamentos do Fundo.

Destas determinações, a que gerou maior e mais imediato efeito foi o item referente às Audiências de Custódia. Logo após a publicação do voto cautelar, os Tribunais de Justiça iniciaram seus éditos de estruturação do instituto. A título de exemplificação, o Tribunal de Justiça do Distrito Federal publicou a Portaria Conjunta 101 em 7 de outubro de 2015 (Anexo – I), pouco mais de um mês após o voto cautelar, que tinha por único objetivo estabelecer o Núcleo de Audiência de Custódia.

Em dezembro do mesmo ano, o Conselho Nacional de Justiça publicou a Resolução nº 213 dispondo sobre "a apresentação de toda pessoa presa à autoridade judicial no prazo de 24 horas" *i.e.:* sobre as Audiências de Custódia.

1.2 Do Pacto Internacional sobre Direitos Civis e Políticos e do Pacto de São José da Costa Rica

Cumpre registrar que, no que se refere às Audiências de Custódia, o referido voto apenas cobrou a efetivação do instituto que já existia formalmente no ordenamento pátrio, estando previsto tanto no item 3 do artigo 9 do Pacto Internacional sobre Direitos Civis e Políticos, quanto no item 5 do artigo 7º do Pacto de São José da Costa Rica.

O primeiro documento foi adotado pela Resolução nº 2.200-A (XXI) da Assembléia Geral das Nações Unidas em 16 de dezembro de 1966 (Castilho, 2013), tendo sido ratificado pelo Brasil em 24 de janeiro de 1992, por meio do decreto legislativo nº 226, de 12 de dezembro de 1991, e promulgado pelo decreto nº 592 de 6 de julho de 1992. No item três de seu nono artigo, resta disposto:

> ARTIGO 9
>
> (...)
>
> 3. Qualquer pessoa presa ou encarcerada em virtude de infração penal deverá ser conduzida, sem demora, à presença do juiz ou de outra autoridade habilitada por lei a exercer funções judiciais e terá o direito de ser julgada em prazo razoável ou de ser posta em liberdade. A prisão preventiva de pessoas que aguardam julgamento não deverá constituir a regra geral, mas a soltura poderá estar condicionada a garantias que assegurem o comparecimento da pessoa em questão à audiência, a todos os atos do processo e, se necessário for, para a execução da sentença. (PACTO INTERNACIONAL SOBRE DIREITOS CIVIS E POLÍTICOS)

Semelhante é a situação do Pacto de São José da Costa Rica, firmado em 22 de novembro de 1969 – em pleno governo militar – mas só ratificado em 25 de setembro de 1992[9], este documento dispõe sobre a Audiência de Custódia no item cinco de seu artigo sétimo:

> Artigo 7º - Direito à liberdade pessoal
> (...)
> 5. Toda pessoa presa, detida ou retida deve ser conduzida, sem demora, à presença de um juiz ou outra autoridade autorizada por lei a exercer funções judiciais e tem o direito de ser julgada em prazo razoável ou de ser posta em liberdade, sem prejuízo de que prossiga o processo. Sua liberdade pode ser condicionada a garantias que assegurem o seu comparecimento em juízo. (PACTO DE SÃO JOSÉ DA COSTA RICA)

Pelas disposições acima, fica claro que a função das Audiências de Custódia é garantir que apenas juízes possam decretar prisões (o que está de acordo com a disposição constitucional brasileira[10]), e que, na excepcionalidade de o ordenamento permitir uma prisão feita por um não juiz (no ordenamento brasileiro apenas em caso de flagrante), esta

---

9 Castilho (2013), afirma que a demora na ratificação deste Tratado se deu justamente em razão do regime político de exceção que governava o Brasil.

10 A Constituição de 1988 estabelece em seu inciso LXI do artigo 5º que: "ninguém será preso senão em flagrante delito ou por ordem escrita e fundamentada de autoridade judiciária competente, salvo nos casos de transgressão militar ou crime propriamente militar, definidos em lei;". Esta disposição, portanto, estabelece que, salvo detenções militares, há no Brasil duas formas de um cidadão ser preso: por flagrante delito, ou por ordem escrita e fundamentada de autoridade *judiciária* competente.

prisão deverá ser revista em audiência[11] por um juíz *i.e.* alguém com a devida investidura.

Como se percebe nos dois Pactos dispondo sobre a matéria, complexa é a questão do ingresso dos tratados internacionais no ordenamento jurídico interno do Brasil, vez que ambos os documentos foram confeccionados na década de 60, mas só ingressaram no ordenamento na década de 90. Tal ingresso exige a execução de diversos atos, dentre os quais os mais importantes são: a assinatura, e a ratificação.

A assinatura de um tratado internacional é o ato de concordância que põe termo as negociações, fixando o conteúdo do documento (Rezek, 2014). Tal ato é privativo do Presidente da República conforme disposição do inciso VIII do artigo 84 da Constituição[12], sendo operado pelo Ministério das Relações Exteriores, conforme consta em seu Regimento Interno:

> Art. 3º No trato dos assuntos de sua competência, incumbe ao MRE:
> (...)
> VI – negociar e celebrar tratados, acordos e demais atos internacionais. (PRESIDÊNCIA DA REPÚBLICA, 2008)

Dita assinatura não internaliza a norma no sistema pátrio. Isto só ocorrerá no momento da ratificação do

---

11 As prisões em flagrante no Brasil já eram revistas por um juiz, nos termos do artigo 310 do Código de Processo Penal, que faria uma *análise dos autos*. A inovação proposta pelas Audiências de Custódia no Brasil é alterar a forma que desta análise, que deixará de ser mero estudo documental e passará a ser toda uma audiência. Este tema será aprofundado no tópico 4 do capítulo 2.

12 Art. 84. "Compete privativamente ao Presidente da República: (...) VIII - celebrar tratados, convenções e atos internacionais, sujeitos a referendo do Congresso Nacional;"

tratado internacional pelo Congresso Nacional nos termos da Constituição (Guerra, 2014). Ainda sobre o ato de ratificação dos tratados internacionais, a Convenção de Viena assim o define:

> ARTIGO 2
> Expressões Empregadas
> 1. Para os fins da presente Convenção:
> (...)
> b) "ratificação", "aceitação", "aprovação" e "adesão" significam, conforme o caso, o ato internacional assim denominado pelo qual um Estado estabelece no plano internacional o seu consentimento em obrigar-se por um tratado; (BRASIL, 2009)

Além dos mencionados atos da assinatura e da ratificação, também existem a *promulgação* e a *publicação*, que embora fundamentais na efetivação do tratado possuem um caráter burocrático razão pela qual serão apenas mencionados.

Como já visto, o Pacto Internacional sobre Direitos Civis e Políticos foi ratificado pelo Brasil em 24 de janeiro de 1992, por meio do decreto legislativo nº 226, de 12 de dezembro de 1991, e promulgado pelo decreto nº 592 de 6 de julho de 1992. Já no caso do Pacto de São José da Costa Rica, a assinatura ocorreu em 1969 e a ratificação em 25 de setembro de 1992, tendo sido o ato promulgado em 6 de novembro de 1992, e publicado três dias depois. Portanto, formalmente, nos termos do Direito Constitucional combinado com o Direito Internacional, as Audiências de Custódia – previstas em ambos os documentos – datam no ordenamento jurídico brasileiro[13], ainda que na análise mais conservadora possível, de 1992.

Apesar da dupla e antiga previsão, o Estado brasileiro permaneceu inerte, não estruturando as referidas Audiências e deixando a situação carcerária se agravar a tal ponto que foi apresentada a ADPF 347, tendo a voto liminar ordenado a instituição das Audiência de Custódia como já exposto.

1.3 Legitimidade STF – Entre Hermes e Hércules

Do ato realizado pelo Ministro Relator - por um membro do Poder Judiciário, portanto –, advém várias questões de legitimidade e protagonismo judicial. A mais clara delas é a disposição do artigo 22 da Constituição, que define o direito processual penal - dentre outros - como matéria a ser *legislada* pela União, dependendo de manifestações por parte do Poder Legislativo, e não do Judiciário.

O próprio voto liminar reconheceu a existência de sua estranha atuação, mas casualmente repeliu a polêmica com o seguinte parágrafo:

> Há dificuldades, no entanto, quanto à necessidade de o Supremo exercer função atípica, excepcional, que é a de interferir em políticas públicas e escolhas orçamentárias. Controvérsias teóricas não são aptas a afastar o convencimento

13 Não tratamos da polêmica referente à hierarquia das normas internacionais que tratam sobre direitos humanos, pois tal hierarquia é irrelevante para o presente estudo, sendo apenas necessário saber que as Audiências de Custódia possuem previsão legal.

> no sentido de que o reconhecimento de estarem atendidos os pressupostos do estado de coisas inconstitucional resultam na possibilidade de o Tribunal tomar parte, na adequada medida, em decisões primariamente políticas sem que se possa cogitar de afronta ao princípio democrático e da separação de poderes. (SUPREMO TRIBUNAL FEDERAL, ADPF 347, Voto Liminar, p. 13)

Apesar de acima tratadas *en passant,* estas atuações heterodoxas do Poder Judiciário são muito questionadas na contemporaneidade, com destaque exatamente para a (im) possibilidade do Judiciário legislar. Esta temática foi filosoficamente organizada por Dworkin (1977) na metáfora do Juiz Hércules.

Nesta construção, imaginou-se um jurista sobre-humano, hábil, erudito, paciente, e perspicaz, capaz de alcançar a idealizada única solução correta para os litígios, encontrada dentro da teia formada por todas as fontes do Direito. Este Juiz poderia adjudicar lapsos na legislação, mas não poderia legislar propriamente.

Tal experimento mental foi aprofundado em Dworkin (1986) onde ele contradita Hércules com outro personagem, o Juiz Hermes, que assume frente às questões jurídicas uma postura originalista:

> Eu agora idealizo um novo juiz, Hermes, que é quase tão inteligente quanto Hércules e tão paciente quanto, que aceita o Direito como Integridade mas também aceita a teoria da intenção do orador na legislação. Ele acredita que legislação é comunicação, que ele deve aplicar os estatutos por meio do descobrimento da vontade comunicada

> pelos legisladores, o que estes tentavam transmitir quando votaram pelo Ato das Espécies Ameaçadas, por exemplo. Como Hermes também é autoconsciente em tudo o que faz, ele vai parar para refletir sobre todas as escolhas que deverá tomar para colocar em prática a teoria da intenção do orador.[14] (DWORKIN, 1986, p. 317)

Além de lhe propor um adversário, a obra ainda questiona do Juiz Hércules: se ele seria uma fraude – vez que a hipótese da única resposta correta pode estar errada –, arrogante – por considerar seus próprios posicionamentos mais válidos que os de outras pessoas, inclusive de juízes –, e um mito – excessivamente desconectado da realidade a ponto de não servir sequer de modelo para juízes reais, que decidiriam os seus casos de forma instintiva.

A referida obra fez também outra, e muito importante consideração sobre o Juiz Hércules: talvez ele seja um tirano. Embora o autor tenha considerado o tema suficientemente importante para incluí-lo em seu trabalho, no que se refere à possível tirania do Juiz Hércules, ele afirma que tal posição seria não só injusta, mas obscurantista.

> Mas nós já vimos o suficiente para saber que uma das acusações que advogados tendem a fazer contra Hércules é

14 Confrontar com o original: "I now suppose a new judge, Hermes, who is almost as clever as Hercules and just as patient, who also accepts law as integrity but accepts the speaker's meaning theory of legislation as well. He thinks legislation is communication, that he must apply statutes by discovering the communicative will of the legislators, what they were trying to say when they voted for the Endangered Species Act, for example. Since Hermes is self-conscious in everything he does, he will pause to reflect over each of the choices he must make in order to put the speaker's meaning theory into practice." (DWORKIN, 1986, p. 317)

> injusta e, o que é pior, obscurantista. Hércules não é um tirano usurpador que tenta tomar do público seu poder democrático. Quando ele intervém no processo do governo para declarar que algum estatuto ou outro ato do governo é inconstitucional, ele o faz em serviço do seu mais consciente julgamento sobre o que a democracia realmente é e o que a Constituição, mãe e guardiã da democracia, realmente significa. Vocês podem discordar dos poucos julgamentos que eu narrei em nome dele; se eu lhes contasse mais de sua carreira no Olimpo vocês discordariam ainda mais. Mas se Hércules tivesse renunciado a responsabilidade que descrevi, que inclui a responsabilidade de decidir quando só sobra suas convicções sobre o caráter da nação, ele teria sido um traidor, e não um herói da auto-contenção[15]. (DWORKIN, 1986, p. 399)

Tirano ou não, fato é que o Juiz Hércules excede os limites - ortodoxos - das funções do Poder Judiciário, o que pode inclusive pôr em xeque a democracia, daí advém sua polêmica. E é fato que na ADPF 347 o Voto Liminar excedeu os limites - ortodoxos - do Poder Judiciário. Conclui-se,

15 Confrontar com o original: "But we have seen enough to know that one charge some lawyers would urge against Hercules is unfair and, what is even worse, obscurantist. Hercules is no usurping tyrant trying to cheat the public of its democratic power. When he intervenes in the process of government to declare some statute or other act of government unconstitutional, he does this in service of his most conscientious judgement about what democracy really is and what the Constitution, parent and guardian of democracy, really means. You may disagree with the few judgements I have reported in his name; if I told you more of his carrer in Olympus you would probably disagree with more. But if Hercules had renounced the responsability I have described, which includes the responsability to decide when he must rely on his own convictions about his nation's character, he would have been a traitor, not a hero of judicial restraint." (DWORKIN, 1986, p. 399)

portanto, que a atuação foi hercúlea[16], no sentido dworkiano, resta saber se teria tal ato sido também ativista.

1.4 Ativismo Judicial?

Face a todas as peculiaridades do referido voto liminar e especialmente em vista das consequências que o ato gerou, há um grande questionamento se tal ato teria sido um exemplo de ativismo judicial, e, se dito ativismo, seria virtuoso ou odioso[17]. Antes de analisar o ativismo do voto liminar - real ou imaginário - cumpre escrutinar o ativismo *per se*.

O conceito de ativismo judicial é por si só "fugidio" (Branco, 2011). O termo tem sua origem em um artigo de uma publicação leiga, que identificava dois grupos de *justices* da Suprema Corte estadunidense: os contidos e os ativistas (Green, 2009). Apesar da simplicidade e superficialidade da ideia - ou talvez justamente por força destas características - ela ganhou imensa difusão, sendo considerada uma

16 Seguramente os mais perspicazes dentre os meus leitores se divertirão com a ironia dos nomes dos juristas envolvidos: Marco Aurélio, um jurista real, cujo nome remete a um César (romano), atuando nos moldes de Hércules, um jurista fictício cujo nome é uma referência a semideus (grego).

17 Canon (1982-1983) afirma que o termo é utilizado "more often than not" pejorativamente. Sobre a utilização de rótulos pejorativos: "Um modo rápido de eliminar ou, ao menos, de tornar suspeita uma afirmação do adversário é reduzi-la a uma categoria geralmente detestada, ainda que a relação seja pouco rigorosa e tão só de vaga semelhança. Por exemplo: 'Isso é maniqueísmo', 'é arrianismo', 'é pelagianismo', 'é idealismo', 'é panteismo', 'é brownismo', 'é naturalismo', 'é ateísmo', 'é racionalismo', 'é espiritualismo', 'é misticismo', etc. Com isso, fazemos duas suposições: 1ª) que aquela afirmação é efetivamente idêntica a esta categoria ou, ao menos, está compreendida nela e estamos dizendo: 'ah isto nós já sabemos!'; e 2ª) que esta categoria já está de todo refutada e não pode conter nenhuma palavra verdadeira." (SCHOPENHAUER, 2003, P.174)

prática construtiva ou destrutiva, liberal[18] ou conservadora, de esquerda ou de direita, apropriada ou excessiva, dependendo do posicionamento do estudioso que faz a análise.

A falta de significado do termo faz justamente com que cada intérprete tenha uma impressão quanto ao seu significado, e desenvolva e aplique esta mera impressão em suas teorias, gerando um absoluto caos epistemológico. Branco (2011), em uma galante porém vã tentativa de trazer ordem ao caos, apresenta em seu texto: um artigo de Bradley Canon que tenta estruturar o tema; e um apanhado de opiniões de eruditos (dos quais se destacam Häberle, Dworkin, e Celso de Melo) sobre o que seria o "ativismo judicial".

A publicação de Bradley Canon (1982-1983) estrutura seis dimensões que indicariam se determinado ato judicial seria ou não ativista, estas são assim batizadas: Majoritarismo; Estabilidade Interpretativa; Fidelidade Interpretativa; Distinção entre Processo Democrático e Substância [política]; Especificidade das Políticas; e Disponibilidade [ou Existência] de Executores de Políticas Alternativos[19]. Importante ressaltar que todas elas são dimensões, isto é, gradientes, não se trata de uma análise binária, se presentes ou ausentes, mas quantitativa: "quão interpretativamente estável foi

18 A palavra "liberal" é problemática pois no Brasil tal termo vem normalmente relacionado estritamente ao liberalismo econômico, que na conformação política brasileira é normalmente associado a um conservadorismo político. Já nos Estados Unidos, o termo significa o exato contrário: o liberalismo político, relacionado normalmente com um conservadorismo (um estatismo) econômico. Neste momento a palavra "liberal" foi utilizada no sentido do autor original, norte americano.

19 Confrontar com os termos no original: Majoritarianism; Interpretative Stability; Interpretative Fidelity; Substance/Democratic Process Distinction; Specificity of Politics; Availability of an Alternate Policemaker.

o voto liminar na ADPF 347?" e não: "foi o voto liminar na ADPF 347 interpretativamente estável?"

Segundo o autor, o majoritarismo é o critério mais comumente utilizado para analisar o nível de ativismo de uma decisão, e normalmente argumenta pela ilegitimidade da decisão contramajoritária. O exemplo mais puro de uma decisão ativista no que se refere a esta dimensão seria a hipótese da Corte Constitucional declarar inconstitucional um ato do Congresso processualmente são.

A Estabilidade Interpretativa é o nível de harmonia que a decisão mantém com seus precedentes, e com a doutrina jurídica. Há aqui um claro vínculo com o conceito de Integridade de Dworkin (1986), segundo o qual, as decisões jurídicas não são soltas no universo, mas estão conectadas a todas as outras decisões, formando um tecido de posições jurídicas[20].

Em resumo, para Canon (1982-1983), a Fidelidade Interpretativa é o grau de concordância entre a decisão e a disposição textual:

> O ativismo ocorre quando uma interpretação não acorda com o significado usual do palavreado da disposição, e/ou com a conhecida intenção ou objetivo de seus confeccionadores.[21] (CANON, 1982-1983, p. 242)

Os exemplos mais claros de decisões que tenderiam ao limite ativista na dimensão Fidelidade Interpretativa seriam aquelas que diretamente contradissessem a orientação

20 Aprofundar em Dworkin (1986), páginas 176-224.

21 Confrontar com o original: "Activism occours when an interpretation does not accord with the ordinary meaning od wording of the provision, and/or with the known consensual intentions or goals of its drafters".

legal e as que possuíssem interpretações ilógicas ou falaciosas. Neste ponto, o autor demonstra certa suspeição a interpretações jurídicas arrojadas ou sofisticadas.

A Distinção entre Processo Democrático e Substância [política] trata de se a decisão se mantém no procedimento político ou se ela adentra na matéria (na substância) da política. A decisão ativista tende a entrar no mérito da discussão ao invés de se limitar a balizá-la procedimentalmente.

A quinta dimensão é a Especificidade das Políticas; e se refere à possibilidade ou não da decisão ter criado políticas públicas, ou determinado que outro mecanismo estatal o fizesse.

A última dimensão é intitulada Disponibilidade [ou Existência] de Executores de Políticas Alternativos, e basicamente questiona se existiria a possibilidade de o ato judicial em questão ter sido praticado por outro órgão do governo:

> Ativismo nesta dimensão consiste nas decisões que (a) estabelecem políticas públicas quando há uma razoável probabilidade que outro órgão teria adotado uma postura similar em um futuro próximo, e/ou (b) a natureza da política pública é tal que as decisões serão melhor embasadas em data e em expertise normalmente não disponíveis nos trâmites judiciais. (CANON, 1982-1983, p. 247)[22]

A base desta dimensão é a frase onde o autor cita o *Justice* Stone que em 1936 afirmou: "As Cortes (...) não são a

---

22 Confrontar com o original: "Activism on this dimension consists of decisions that (a) estabilish policy where there is a reasonable likelihood that na alternative policymaking agency would have adopted a similar policymaking agency would have adopted a similar policy in the foreseeable future, and/ or (b) the nature of the policy is such that choices are better informed by data or expertise not normally available in the judicial process."

única agência do governo que devemos presumir que tenha a capacidade de funcionar".[23] (CANON, 1982-1983, p. 246)

Antes de prosseguir no raciocínio exposto por Branco (2011) e passar de Canon (1982-1983) para as manifestações pontuais de Häberle, Dworkin, e Celso de Melo, cumpre averiguar como a decisão liminar na ADPF 347 se amolda na estrutura acima descrita.

Quanto a primeira dimensão, Majoritarismo, têm-se que o ato judicial está de acordo com a norma legislativamente perfeita que trata do tema. Como já descrito, as Audiências de Custódia foram dispostas no Pacto de São José da Costa Rica, assinado pelo Poder Executivo e ratificado pelo Poder Legislativo, e finalmente promulgado por decreto em 6 de novembro de 1992. Portanto, nesta dimensão a decisão liminar da ADPF 347 é manifestamente não-ativista[24].

O mesmo não pode ser dito da segunda dimensão, Estabilidade Interpretativa. De fato, a liminar em questão rompeu com a situação anterior de estado de coisas inconstitucional chancelada pelo judiciário (argumento mestre da inicial da ADPF), portanto, rompeu com uma doutrina complacente com o fato de que a norma que dispõe sobre as audiência de custódia não foram efetivadas: "Esse é o cenário legislativo dos direitos dos presos – as leis, versando-os, simplesmente 'não pegaram', não se concretizaram em proteção efetiva daqueles que deveriam ser beneficiados, e nada

23 Confrontar com o original: "Courts (...) are not the only agency of government that must be presumed to have the capacity to govern."

24 Embora o artigo de Branco (2011) mencione o termo *self-contained* como o grupo não ativista na Suprema Corte Estadunidense, e nós utilizamos a tradução "contido" no início deste tópico, para evidenciar a dicotomia, optamos neste momento por "não ativismo".

se tenta para alterar isso". (ADPF 347, Voto Liminar, p. 9) Nesta dimensão, a decisão é manifestamente ativista.

Quanto à Fidelidade Interpretativa, a terceira dimensão, não há nenhuma manobra hermenêutica sofisticada na decisão liminar. A disposição do Pacto de São José da Costa Rica determina que "Toda pessoa presa, detida ou retida deve ser conduzida, sem demora, à presença de um juiz", ainda que se questione o que significa o termo "sem demora", não há dúvida ou polêmica sobre a necessidade de o preso/detido/ou retido ser conduzido à presença de um juiz. Neste ponto, a decisão é manifestamente não ativista.

A quarta dimensão, Distinção entre Processo Democrático e Substância [política]; é bem resumida pelo próprio autor:

> De acordo com esta lógica, decisões que desenvolvem ou alteram políticas que afetam o processo político não são ativistas. Basicamente estas envolvem a liberdade e expressão, o franqueamento e a condução de eleições, e a natureza da representação política. Tais decisões não afetam diretamente as políticas substantivas. Elas tratam das oportunidades dos cidadãos de alterar o sistema fazedor de políticas.
>
> (...)
>
> A decisão ativista, nesta dimensão, é aquela que fazem política econômica, regulam as atividades não relacionadas ao processo político de grupos e instituições, ou interfere nas carreiras, estilos de vida e valores morais ou religiosos das pessoas.[25] (CANON, 1982-1983, p. 10)

25 Confrontar com o original: "According to this logic, decisions developing or altering policies affecting the political processes are not activist . Basically, these

Claramente a decisão na ADPF 347 foi substantiva, portanto, segundo Canon (1982-1983), ativista.

Sobre a Especificidade das Políticas, a quinta dimensão, a decisão liminar explicitamente não cria políticas, mas determina que outros as implementem. Sobre o sistema carcerário como um todo, a decisão orienta a União "que libere o saldo acumulado do Fundo Penitenciário Nacional para utilização com a finalidade para a qual foi criado, abstendo-se de realizar novos contingenciamentos". (ADPF 347, Voto Liminar, p. 24)

No que se refere às audiências de custódia, a determinação é feita aos juízes e tribunais para que realizem (como melhor lhe aprouverem) as audiências de custódias já previstas no ordenamento:

> Ante o exposto, defiro, parcialmente, a medida liminar requerida, determinando:
>
> (...)
>
> b) aos juízes e tribunais – que, observados os artigos 9.3 do Pacto dos Direitos Civis e Políticos e 7.5 da Convenção Interamericana de Direitos Humanos, realizem, em até noventa dias, audiências de custódia, viabilizando o comparecimento do preso perante a autoridade judiciária no prazo máximo de 24 horas, contados do momento da prisão; (SUPREMO TRIBUNAL FEDERAL, ADPF 347, Voto Liminar, p. 24)

---

envolve freedom of expression., the franchise, conduct of elections, and the nature of representation. Such decisions do not directly affect substantive policies. Rather they relate to citizens' opportunities for input into the policymaking system. (...) Activist decisions on this dimension are those which make economic policy, regulate the non-political-process activities of institutions or groups, or imponge people's carrers, lifestyles, morals, or religious values".

Como a decisão não cria a política, mas determina que a criem, quanto a esta dimensão, ela é manifestamente não ativista.

Na última dimensão, sobre a Disponibilidade [ou Existência] de Executores de Políticas Alternativos, há margem para várias compreensões. Embora a Inicial da ADPF e o Voto Liminar reconheceram o estado de coisas inconstitucional no sistema carcerário brasileiro, não era improvável que sem a referida decisão liminar, a questão prisional fosse enfrentada por outro órgão do Estado como por exemplo o Conselho Nacional de Justiça. De fato, o dito Conselho já havia enfrentado temas prisionais com o Mutirão Carcerário e o programa Começar de Novo, tanto que no próprio voto liminar ele foi mencionado:

> O segundo pleito concerne à audiência de custódia, instrumento ao qual o ministro Ricardo Lewandowski, como Presidente do Conselho Nacional de Justiça – CNJ, vem dando atenção especial, buscando torná-lo realidade concreta, no Judiciário, em diferentes unidades federativas e combatendo a cultura do encarceramento. (SUPREMO TRIBUNAL FEDERAL, ADPF 347, Voto Liminar, p. 20)

Nesta dimensão, dada a subjetividade da avaliação, a decisão *tende* ao ativismo.

A título de ilustrar as informações descritas acima, foi confeccionado o quadro abaixo com o resumo de como o Voto liminar se qualifica em cada uma das dimensões estruturadas por Canon (1982-1983) na tentativa de definir o ativismo judicial.

Quadro 1: Resumo da correspondência entre as dimensões de ativismo propostas por Bradley Canon (1982-1983) e a decisão liminar na ADPF 347.

#	DIMENSÃO	VOTO LIMINAR
1	Majoritarismo	Não Ativista
2	Estabilidade Interpretativa	Ativista
3	Fidelidade Interpretativa	Não Ativista
4	Distinção entre Processo e Substância	Ativista
5	Especificidade das Políticas	Não Ativista
6	Disponibilidade [ou Existência] de Executores de Políticas Alternativos	Não Ativista (tendência)

Fonte: O autor.

Como exposto no texto e resumido no quadro, a decisão liminar da ADPF 347 tem, nas dimensões de Canon (1982-1983), um caráter tendente ao não ativismo.

Após expor as dimensões de Canon (1982-1983), Branco (2011) elenca a posição de vários eruditos sobre o ativismo em si, dos quais se destacam Häberle, Dworkin, e Celso de Melo. O extrato do pensador alemão vê o ativismo judicial de forma positiva, e o compreende como "o judiciário cobrando a atuação de outros poderes":

> Como observador participante, estou contente que os tribunais pratiquem o ativismo judicial e que obriguem os demais poderes a atuar (...). O sistema republicano não se vê debilitado por um ativismo jurídico senão que fortalecido. (HÄBERLE, 2009, p. 223)

Tal posição se relaciona à quinta dimensão de Canon (1982-1983), a "especifidade das políticas", onde o julgador não deve criar políticas, mas determinar sua criação, o que ocorreu na ADPF 347.

Dworkin por sua vez se posiciona absolutamente contra o *passivismo* judicial - doutrina que admitiria, "como questão de justiça, que os indivíduos não têm direitos contra as maiorias políticas" –, e sustenta não ser devido adotar um ativismo que se expresse por meio de um "pragmatismo jurídico virulento", que despreze outras fontes de poder:

> O texto da Constituição, a história de sua promulgação, as decisões anteriores da Suprema Corte que procuraram interpretá-la e as duradouras tradições de nossa cultura política. O ativista ignoraria tudo isso para impor a outros poderes do Estado seu próprio ponto de vista sobre o que a justiça exige. O direito como integridade condena o ativismo e qualquer outra prática de jurisdição constitucional que lhe esteja próxima. Insiste em que os juízes apliquem a Constituição por meio da interpretação, e não por meio de um fiat, querendo com isso dizer que suas decisões devem ajustar-se à prática constitucional, e não a ignorar. (DWORKIN, 1977, p. 198)

O pensador estadunidense mostra preocupação com seu conceito de Integridade que se faz presente na segunda dimensão de Canon (1982-1983), da Estabilidade Interpretativa, como acima tratado. Esta posição é compartilhada pelo Ministro Celso de Mello, que se mostra simpático ao termo "ativismo judicial", o compreendendo como uma devida atuação da Suprema Corte:

> ... o chamado ativismo judicial é uma resposta do Supremo a provocações formais da sociedade a partir de mecanismos criados pela Constituição para neutralizar o caráter lesivo das omissões do Congresso ou do Executivo. Nesses casos, não há interferência indevida do Supremo: o Tribunal está apenas cumprindo sua função" (MELLO *apud* BRANCO, 2011, p. 9).

Ao se relacionar esta manifestação com as dimensões de Canon (1982-1983) percebe-se também uma preocupação com a mesma dimensão, a Estabilidade Interpretativa, vez que ele faz clara referência à Constituição ("mecanismos formais da constituição"), isto é, o ativismo judicial positivo, a atuação não-ortodoxa do judiciário é positiva, se, e somente se, estiver em harmonia com o conjunto do Direito.

O texto de Branco (2011) conclui, pela existência de uma região fronteiriça onde a atuação do Poder Judiciário, embora não ortodoxa, seja cabível, podendo ser chamada de ativismo em seu sentido positivo (de próprio, justificado, etc.).

Após a exposição deste panorama sobre o ativismo judicial, analisando a decisão liminar na ADPF 347 sob a ótica de Canon (1982-1983), tem-se que a decisão não foi ativista. Sob a ótica dos juristas citados por Branco (2011), que se valem do termo da mesma maneira informal com que este fora criado, tem-se que a decisão poderia ser considerada ativista, mas positivamente, propriamente, devidamente ativista.

CAPÍTULO II

DO ASPECTO PENAL

2.1 A Função do Estado, e a Legitimidade da Punição segundo a Teoria Política

A metáfora do Contrato Social é, à base da Teoria Geral do Estado, fundamental para entender a formação do Estado Moderno, a razão de sua existência, mas, acima de tudo, para compreender que se um indivíduo racional rende voluntariamente parte de sua liberdade natural ao Estado, assim o faz para que este proteja seus direitos restantes, proteção essa que batizamos de ordem política. Tal definição do Contrato Social é notória, e coerente com o pensamento dos três clássicos contratualistas que neste ponto não divergem:

> O FIM último, Fim ou Desígnio dos homens (que apreciam, naturalmente, a Liberdade e o Domínio sobre os outros), ao introduzir aquela restrição sobre si para viver nos Estados, é a preocupação com sua própria conservação e a garantia de uma vida mais feliz. (HOBBES, 2014, p. 123)

Hobbes aqui deixa claro que os cidadãos ("homens"), ao aceitarem uma restrição sobre si, o fazem visando uma alteração positiva em sua realidade.

> Cifremos todo este paralelo em termos de fácil comparação: o que o homem perde pelo contrato social é a liberdade natural e um direito sem limites a tudo que o tenta e pode atingir; ganha a liberdade civil e a propriedade de tudo o que possui. (ROUSSEAU, 2008, p. 33)

Rousseau destaca a liberdade civil e a propriedade de tudo o que possui como a vantagem que compensa/supera o prejuízo assumido quando da firmação do Contrato Social.

> O homem ao nascer, como já foi provado, o faz intitulado a liberdade perfeita, e um aproveitamento incontrolado de todos os direitos e privilégios da lei da natureza, assim é o caso de qualquer outro homem, ou conjuntos de homens no mundo, que possuem pela natureza um poder, não apenas de proteger sua propriedade, isto é, sua vida, liberdade, e condição, contra ofensas e atentados de outros homens; mas para julgar sobre e punir ofensas a lei de outros, como a ofensa requeira, podendo esta ser até mesmo punida com a morte, em crimes cuja hediondez do fato, em sua opinião assim requeira. Mas porque nenhuma sociedade política pode ser, nem subsistir, sem ter em si mesma o poder de preservar a propriedade, e em consequência, punir as ofensas de todos aqueles daquela sociedade; só existe uma sociedade política se todos os seus membros entregaram este poder natural, abdicando-o à comunidade em todos os casos que não o excluem de

> apelar pela proteção a lei estabelecida pela comunidade. (LOCKE, 1993, p. 157)[26]

Locke (1993), por sua vez, declara que a função do estado é a proteção da "vida, liberdade, e propriedade" – a trindade lockeana – e destaca que tal proteção só é possível caso os indivíduos concedam ao Estado o poder de punir os que ameaçarem os referidos bens jurídicos.

Embora os citados autores concordem sobre a origem metafísica e a razão de ser do Estado, há uma discordância entre os dois primeiros e Locke, no que se refere aos limites do poder que esta nova entidade possui. Foram retirados alguns trechos que, apesar de tratarem de bens jurídicos diversos, demonstram a supremacia do Estado ante o indivíduo no pensamento de Hobbes e Rousseau, quanto à propriedade e a vida, respectivamente:

> A quinta doutrina que pode dissolver o Estado é: todo indivíduo particular tem propriedade absoluta de seus bens, a ponto de excluir o Direito do Soberano. Todo homem, na verdade, tem uma propriedade que exclui o Direito de qualquer outro Súdito [mas não o direito do Soberano] e

26 Confrontar com o original: "Man being born, as has been proved, with a title to perfect freedom, and an uncontrolled enjoyment of all the rights and privileges of the law of nature, equally with any other man, or number of men in the world, hath by nature a power, not only to preserve his property, that is, his life, liberty and estate, against the injuries and attempts of other men; but to judge of, and punish the breaches of that law in others, as he is persuaded the offense deserves, even with death itself, in crimes where the heinousness of the fact, in his opinion, requires it. But because no political society can be, nor subsist, without having in itself the power to preserve the property, and in order thereunto, punish the offenses of all those of that society; there, and there only is political society, where every one of the members hath quitted this natural power, resigned it up into the hands of the community in all cases that exclude him not from appealing for protection to the law established by it."

> a tem devido ao Poder Soberano, sem cuja Proteção qualquer outro homem teria igual direito a ela... (HOBBES, 2014, p. 233)

Quanto ao compreender de Hobbes, o direito de propriedade não poderia ser exercido contra o soberano vez que este se encontraria acima das próprias leis, e dos direitos que ele teria sido criado para garantir. Não é para menos que em sua obra ele ressaltou que a propriedade pode ser exercida contra outros *súditos*, sendo lógico que não poderia ser exercida contra o soberano.

Já Rousseau chega a ponto de afirmar que a vida dos indivíduos é devida ao Estado e este pode fazer dela o que se aprouver sendo esta nada mais que "dom condicional do Estado":

> ... quem quer consertar a vida à custa dos outros deve também dá-la quando for preciso; o cidadão já não é juiz do perigo a que a lei o quis expor e, quando o príncipe lhe diz: convém ao Estado que morras, ele deve morrer, pois só com essa condição viveu até então em segurança, e a sua vida já não é só benefício da natureza, senão um dom condicional do Estado. (ROUSSEAU, 2008, p. 43)

As ideias de Hobbes e Rousseau, embora historicamente importantes, são falaciosas em um ponto lógico e questionáveis em um valorativo. Um Estado que pode violar injustificadamente direitos fundamentais como a vida, a liberdade e a propriedade de seus cidadãos é uma *contradictio in terminis*: sua própria razão de existência (proteger os direitos de seus cidadãos, segundo os mesmos Hobbes e Rousseau) está sendo violada por ele próprio. Quanto à questão valorativa, é no mínimo misterioso o motivo que levaria um ser racional a abandonar o Estado de Natureza por força do argumento que ali seus direitos estariam sob ameaça, se a alternativa é se submeter a um *Leviathan* que pode legitimamente e injustificadamente violar ditos direitos[27].

Neste ponto a concepção de Locke é diametralmente oposta a estes autores, defendendo que o Estado não pode atacar o que foi criado para defender: a vida, a liberdade, e a propriedade de seus cidadãos; e o autor ainda vai ainda mais longe: para Locke, caso o Estado desvirtue sua função, ele automaticamente perde a legitimidade de policiar seus indivíduos, e estes por sua vez podem dissolver este Estado e criar outro em seu lugar:

> A razão pela qual homens entram na sociedade é a preservação da sua propriedade; e a finalidade pela qual eles autorizam o legislativo é para que façam leis, e regras sejam definidas, como guardas e cercas para as propriedades de todos os membros da sociedade, para limitar o poder e moderar o domínio de toda parte e membro da sociedade: como jamais pode ser suposto como o desejo

27 Segundo Arendt (2006), "revolução" é simplesmente o nome que se dá ao movimento que surge quando o Contrato Social com o Leviathan se torna tão desinteressante (e alternativas de negociação são negadas) que uma rescisão deste se faz por *manu militari*. As rescisões Gloriosa, Americana, e Francesa são apenas os melhores exemplos de como a idéia de supremacia do Estado (chamado por Hobbes e Rousseau de Soberano e Príncipe, respectivamente) ante o indivíduo é insustentável, justamente porque o poder surge nas pessoas e é apenas operado pelo Estado, sendo recobrado (nos casos citados pela via armada) quando o acordo torna-se desinteressante. Quando os Estados da Inglaterra, Estados Unidos, e França insistiram neste devaneio, foram rapidamente corrigidos pelas já citadas revoluções.

da sociedade, que o legislativo deva ter o poder de destruir aquilo que todos pretendem proteger ao entrarem nela, e pela razão pela qual o povo se submeteu aos seus próprios legisladores; sempre que os legisladores intentem de tomar ou destruir a propriedade do povo, ou reduzi-lo a escravos submetidos a um poder arbitrário, eles se colocam em um estado de guerra contra o povo, que esta a partir de então absolvido de qualquer obediência subsequente, bem como deixado ao refúgio comum, com o qual o bom Deus proveu a todos os homens, contra a força e violência. Sempre que o legislativo transgredir esta regra fundamental da sociedade, e seja por ambição, medo, insensatez ou corrupção, intente adquirir para si ou conceder às mãos de outro, um poder absoluto sobre as vidas, liberdades, e condições do povo; por esta quebra de confiança eles perdem o poder que o povo lhes concedeu para um fim completamente diverso, e devolve ao povo, que possue o direito de resumir sua liberdade original, e, pelo estabelecimento de um novo legislativo (da forma que acharem por bem) provenha para a segurança e estabilidade do povo, que é o objetivo de haverem formado uma sociedade. O que falei aqui em geral quanto ao legislativo, é também verdadeiro para o executor supremo, que por ter uma dupla confiança pressionada a si por possuir tanto funções legislativas quanto de executor da lei, haja contra ambos, quando decide estabelecer sua própria vontade arbitrária como a lei da sociedade. (LOCKE, 1993, p. 226-228)[28]

---

28 Confrontar com o original: "The reason why men enter into society, is the preservation of their property; and the end why they chose and authorize a le-

Apesar de a limitação imposta por Locke ao Estado – de que este deve proteger e jamais violar ou ameaçar a vida, a liberdade, e a propriedade –, o filósofo não defendia que o Estado deveria permanecer passivo frente a uma violação por parte de um dos seus cidadãos à vida, liberdade, ou propriedade de outro, de fato, como consta em sua primeira citação acima, na hipótese da comissão de um crime, uma sociedade não poderia subsistir sem ter o poder de punir as ofensas aos direitos que ela visa proteger.

Esta punição, que tem um caráter excepcional para Locke, se tornará no pensamento de Weber a razão constitutiva do Estado: "O Estado é uma comunidade humana que assume para si (com sucesso) o monopólio do uso legítimo da força dentro de um determinado território. (...) O Estado é considerado a única fonte do 'direito' de usar da

gislative, is, that there may be laws made, and rules set, as guards and fences to the properties of all the members of the society, to limit the power, and moderate the dominion, of every part and member of the society: for since it can never be supposed to be the will of the society, that the legislative should have a power to destroy that which every one designs to secure, by entering into society, and for which the people submitted themselves to legislators of their own making; whenever the legislators endeavour to take away, and destroy the property of the people, or to reduce them to slavery under arbitrary power, they put themselves into a state of war with the people, who are thereupon absolved from any farther obedience, and are left to the common refuge, which God hath provided for all men, against force and violence. Whensoever therefore the legislative shall transgress this fundamental rule of society; and either by ambition, fear, folly or corruption, endeavour to grasp themselves, or put into the hands of any other, an absolute power over the lives, liberties, and estates of the people; by this breach of trust they forfeit the power the people had put into their hands for quite contrary ends, and it devolves to the people, who have a right to resume their original liberty, and, by the establishment of a new legislative, (such as they shall think fit) provide for their own safety and security, which is the end for which they are in society. What I have said here, concerning the legislative in general, holds true also concerning the supreme executor, who having a double trust put in him, both to have a part in the legislative, and the supreme execution of the law, acts against both, when he goes about to set up his own arbitrary will as the law of the society."

violência".[29] No Estado Moderno, a punição adquiriu três formas – a pena de morte, a pena detentiva, e a pena patrimonial – cada qual, segundo Ferrajoli (2011), correspondente a um dos bens jurídicos lockeanos cuja função do Estado seria proteger: a vida, a liberdade, e a propriedade:

> A tipificação e formalização legal das penas modernas foi possível graças a sua configuração não mais como suplícios, mas como privações: privações de direitos (...) e precisamente dos três direitos específicos cuja tutela, como escreveu Locke, se constitui e se justifica o Estado Moderno: a vida, a liberdade, e a propriedade. Os três tipos de pena consistem na privação destes três tipos de bens ou direitos – a *pena de morte* que priva da vida, as *penas detentivas* que privam da liberdade pessoal, e as *penas patrimoniais*, que privam de bens ou de capacidade econômica.[30] (FERRAJOLI, 2011, p. 386)

Ao esmiuçar as três formas de pena, o referido autor demonstra a evolução do pensamento punitivo, partindo da pré-modernidade e chegando à contemporaneidade

29 Confrontar com o original: "A state is a human community that (successfully) claims the monopoly of the legitimate use of physical force within a given territory. (...) The state is considered the sole source of the 'right' to use violence." (WEBER, 1978, p. 212).

30 Confrontar com o original: "[La] tipizzazione e formalizzazione legale delle pene moderne è resa possibile dalla loro configurazione non più come afflizioni ma solo come privazioni: "privazione di diritti" (...) e precisamente dei tre specifici diritti a tutela dei quali, come scrisse Locke, si costituisce e si giustifica lo stato moderno: la vità, la libertà, e la proprietà. I tre tipi di pene consistente nella privazione di questi tre tipi di beni o diritti – la pena di morte che priva della vita, le pene detentive che privano della libertà personale e le pene patrimoniali che privano di bene o potestà economiche."

pós-moderna. Sua análise começa pela pena de morte, a mais antiga delas e um vestígio das penas medievais:

> Dos três tipos de pena aqui indicados, a mais antiga e pré-burguesa é a *pena de morte*, que representa um resíduo das penas corporais. No que se refere às penas pré-modernas, a pena capital hodierna acentua o caráter da igualdade e da abstração: de um lado ela tende a perder o caráter da aplicação legal de sofrimento dos antigos suplícios para se tornar, graças ao uso de técnicas de execução as mais indolores possíveis (por exemplo a guilhotina[31]), uma pena "igual" e também "privativa"; além disso ela se formaliza, abandonando as antigas exibições espetaculares e ao contrario ocultando da vista do público (execuções à alvorada e dentro dos muros do cárcere, vendas sobre os olhos do condenado e similares)[32]. (FERRAJOLI, 2011, p. 387)

Em seguida à pena de morte, surge a pena de detenção, que curiosamente remonta à Roma Antiga, mas só

---

31 Em que pese a atualmente percebida brutalidade desta pena, importante frisar as preocupações de seus idealizadores em minorar sua crueldade. O autor cita a guilhotina - a mais francesa das invenções - como uma forma mais indolor de execução, esta mesma preocupação se faz presente na injeção letal cujo primeiro ato, segundo o folclore, é anestesiar o condenado antes de envenená-lo.

32 Confrontar com o original: "Dei tre tipi di pena ora indicati, la più antica e pre-borghese è la pena di morte, che rappresenta un residuo delle pene corporali. Rispetto a quella premoderna, la pena capitale odierna accentua però i caratteri dell'uguaglianza e dell'astrattezza: da un lato, infatti, essa tende a perdere i caratteri afflitivi legati agli antichi supplizi per divenire, grazie all'uso di tecniche di esecuzione il più possibile indolori (esemplare la ghigliottina), una pena "uguale" e soltanto "privativa"; dall'altro essa si formalizza, abbandonando le antiche esibizioni spettacolari e al contrario occultandosi alla vista del pubblico (esecuzioni all'alba e dentro le mura del carcere, bende sugli occhi del condannato e simili)."

veio a se tornar a forma principal de cumprimento de pena no século XIX:

> É, por sua vez, uma pena declaradamente burguesa e moderna a *pena detentiva*. É bem verdade que a prisão é uma instituição antiquíssima. O cárcere Tulliano (depois chamado Marmetino[33]), descrito por Sallustio e por Lívio, foi segundo a lenda construído em Roma pelo Rei Anco Marzio para incutir temor na plebe, e depois ampliado por Servio Tullio. (...) por todo o Medioevo a sua função permaneceu principalmente como cautelar para manter o imputado à disposição da justiça pela duração do processo e impedir sua fuga; mesmo se ela já era prevista como alternativa à pena de galera para as senhoras e os enfermos. O cárcere como pena em seu sentido próprio nasce nas corporações monásticas do Alto Medioevo, recebendo depois a preferência da Igreja Católica com os decretos de Inocêncio III e de Bonifácio VIII, devido a sua idoneidade e suas funções penitenciais e correcionais. E se afirmou como pena, perpétua ou temporal, apenas no século XVII e XVIII (…) Mas só no século passado a pena carcerária se tornou a pena principal, afastando progressivamente todas as outras[34]. (FERRAJOLI, 2011, p. 387)

33 O autor menciona tão despojadamente este cárcere, pois, para os italianos, ele não passa de mais uma das infindáveis ruínas históricas de Roma, localizado no centro da cidade, a poucos metros do Monumento Nacional a Vittorio Emanuele II, o Altar da Pátria, um dos principais cartões-postais da cidade. Sobre este antigo cárcere, foi construída a igreja de *San Giuseppe dei Falegnami*, que permanece ativa como lugar de culto católico, com celebrações semanais regulares da Santa Missa (CHIESA, 2016).

34 Confrontar com o original: "È invece una pena schiettamente borghese e moderna la pena detentiva. È bem vero che la prigione è un'istituzione antichissima. Il carcere Tulliano chiamato poi Mamertino, e descritto da Sallustio e da Livio, fu secondo la leggenda costruito a Roma dal Re Anco Marzio per incutere

A última forma de punição elencada pelo autor é a pena patrimonial, que possui duas modalidades: "a *pecuniária*, consistente no pagamento de uma soma de dinheiro e a *interditiva,* que consiste na perda temporária ou perpétua de uma capacidade de agir ou de negociar[35]." (FERRAJOLI, 2011, p. 388)

A pena de morte ataca a vida; a pena de detenção, a liberdade, e as penas patrimoniais, a propriedade, ou seja, ao aplicar uma pena, o Estado Moderno, segundo Ferrajoli (2011), *priva* o criminoso dos seus bens que são garantidos pelo Estado. Em realidade, esta "privação" toma a forma de um ataque deliberado a algum dos três bens jurídicos fundamentais elencados por Locke. A punição se assemelha a uma simulação do Estado da Natureza: vez que o criminoso teria descumprido o Contrato Social, este seria temporariamente suspenso e o Estado engendraria uma Simulação do Estado da Natureza, onde estes bens do cidadão estariam constantemente em xeque.

Assim como Locke, Cesare Beccaria também tratou sobre a legitimidade da punição tendo ele chegado a conclusões semelhantes das de Locke, ele também reconhece

---

timore alla plebe, e poi ampliato da Servio Tullio. (...) ancora tutto il Medioevo la sua funzione rimase principalmente quella cautelare di trattenere gli imputati per il tempo necessario al processo, onde assicurarli alla giustizia e impedirne la fuga; anche se ne fu prevista l'irrogazione alle donne e agli infermi come pena alternativa alla galera. Il carcere come pena in senso proprio nacque in seno alle corporazioni monastiche dell'Alto Medioevo, ricevendo poi il favore della Chiesa cattolica com le decretali di Innocenzo III e di Bonifacio VIII, a causa della sua specifica idoneità alle funzioni penitenziali e correzionali. E si affermò come pena, perpetua o temporanea, soltanto nei secoli XVII e XVIII. (...) Ma solo nel secolo scorso la pena carceraria è divenuta la pena principale, spodestando progressivamente tutte le altre."

35 Confrontar com o original: "sia da quelle pecuniarie consistenti nel pagamento di somme di denaro, sia da quelle interdittive consistenti nella perdita temporanea o permanente di talune capacità di agire e di scambiare".

a necessidade de defender a estrutura pública de violações particulares:

> §II. *Direito de Punir*
> (...) aqui está sobre o que se fundamenta o direito do soberano de punir os delitos: sobre a necessidade de defender a ordem pública das usurpações particulares; e as penas são tão justas quanto mais sacras e invioláveis seja a segurança, e maior seja a liberdade que o soberano conserva aos súditos.[36] (BECCARIA, 2010, p. 38)

Apesar de legitimar a punição, o autor vincula a justeza da pena à liberdade que o soberano conserva aos súditos, deixando claro que a aplicação da pena deve ser excepcional, mínima, limitada, e controlada. Sobre a necessidade de controle, o autor garante ao réu a possibilidade de justificar suas ações, devendo ser a ele concedido o tempo e os meios necessários para que ele se justifique: "§XXX. Processo e Prescrição. Conhecidas as provas e a certeza do delito, é necessário conceder ao réu o tempo e os meios oportunos deste se justificar...[37]" (BECCARIA, 2010, p. 88)

Esta concordância entre Locke e Beccaria não é coincidência. Ambos são expoentes do que depois veio a ser compreendido como o Iluminismo; o primeiro na Bretanha, destilando a tradição anunciada pela *Magna Charta* e focando

36 Confrontar com o original: "§II. Diritto di punire. (...) Ecco dunque sopra di che è fondato il diritto del sovranno di punire i delitti: sulla necessità di difendere della salute pubblica dalle usurpazioni particolari; e tanto più giuste sono le pene, quanto più sacra ed inviolabile è la sicurezza, e maggiore la libertà che il sovrano conserva ai sudditi."

37 Confrontar com o original: "§III. Processi e prescrizione. Conosciute le prove e calcolata la certeza del delito, è necessario concedere al reo il tempo e mezzi opportuni per giustificarsi (...)".

nos aspectos políticos; e o segundo na Lombardia[38] adentrando a questão criminal. Tão vinculados são os dois pensadores que, além de pertencerem ao citado movimento, Ferrajoli (2011), em seu capítulo V que trata das ideologias penais, os classifica no mesmo gênero (utilitaristas), e na mesma espécie: a da "prevenção geral: integração e intimidação".

O professor florentino organiza as ideologias penais em três: abolicionistas (que se dividem em radicais e holísticos); os retributivistas (baseados em Kant, para a retribuição moral, e Hegel, para a retribuição jurídica); e os utilitaristas, que assumem duas formas, a da prevenção especial, e a da prevenção geral, sendo esta última onde Ferrajoli classifica os referidos autores.

A visão utilitarista da pena difere da dos retributivistas, pois estes consideram a pena como um fim, o resultado natural (moral ou jurídico) que decorre da ação criminosa realizada no *passado*; já os utilitaristas consideram a pena como um meio para se chegar a um *futuro*: "A pena, disse Grocio, não é '*tantum puniendi causa*' mas deve almejar uma utilidade futura, como a 'emenda' do réu e a prevenção dos delitos por meio do exemplo.[39]" (FERRAJOLI, 2011, p. 246)

Os utilitaristas da primeira espécie ("prevenção especial: correção ou eliminação") focam seus estudos na primeira parte do enunciado de Grocio acima: na emenda do réu. Nesta espécie, se encontram as doutrinas pedagógicas, terapêuticas (italiana e soviética), e a *new penology* estadunidense (Ferrajoli, 2011). Em que pese ela se diferenciar da

---

38 O autor escreveu sua obra antes da unificação italiana, razão pela qual é indicada sua região.

39 Confrontar com o original: "La pena, dice Grozio, non è "tantum puniendi causa" ma deve perseguire utilità future, come "l'emendatio" del reo e la prevenzione dei delitti tramite l'esempio"

visão retributiva, estas ainda se assemelham ao continuar a ver o delito como o *mal*, como escreve Ferrajoli antes de tratar da doutrina utilitarista de prevenção geral:

> As doutrinas de justificação do direito penal até aqui examinadas – seja as retributivas ou a utilitarista da prevenção especial – são todas expressões, como tentei mostrar, de culturas jurídicas e políticas que confundem direito e moral, ou direito e natureza. Na base de ambos os dois tipos de justificação há, de forma mais ou menos explícita, uma concepção do delito – e também do delinquente – como o mal em si, ontologicamente o pecado ou a doença.[40] (FERRAJOLI, 2011, p. 262-263)

Coube à doutrina utilitarista da prevenção geral dar este passo epistemológico e romper com a vinculação do crime – e do criminoso – ao mal, e do direito à moral. Sua ideia de prevenção portanto, não envolve reparar o delito ou o delinquente, mas enviar um sinal ao resto da sociedade:

> As doutrinas da prevenção geral consideradas *negativas*, ou da intimidação, possuem o mérito de serem as únicas que não confundem programaticamente o direito com a moral ou com a natureza, (...). Isto é consequência do fato de que elas não focam no delinquente, nem singularmente nem como categoria tipológica, mas na generalidade dos

40 Confrontar com o original: "Le dottrine giustificazionistiche del diritto penale fin qui esaminate – sia quelle retributivistiche che quelle utilitaristiche della prevenzione speciale – sono tutte espressione, come ho cercato di mostrare, di culture giuridiche e politiche che variamente confondono diritto e morale o diritto e natura. Alla base di ambedue i tipi di giustificazione c'è infatti, più o meno esplicita, una concezione del delitto – e prima ancora del delinquente – come male in sé, ontologicamente peccato o malattia."

> cidadãos (...) o seu utilitarismo se liga diretamente à tradição iluminista, que com maior firmeza teorizou a separação entre direito e a moral[41]. (FERRAJOLI, 2011, p. 264)

A prevenção geral ainda possui dois subgrupos (Ferrajoli, 2011): os que entendem que a prevenção ocorre pelo *exemplo* da inflição da pena ao condenado (aqui se encontrando Locke e Beccaria, além de Grozio, Hobbes, São Tomás de Aquino, e Benthan), e os que entendem que a previsão legal gera uma ameaça, que intimida possíveis futuros delinquentes (principalmente Feurbach, Romagnosi, e Schopenhauer).

2.2 As Origens das Limitações às Penas

Concluído o raciocínio de legitimação da pena (a violação deliberada de direitos de um cidadão por parte do Estado) exposto no tópico anterior a partir da Teoria Política, passemos a estudar as limitações de ordem Constitucional e Processual às penas.

De pronto cumpre destacar a forte vinculação entre o Direito Constitucional e Processo Penal. A ideia central do

41 Confrontar com o original: "Le dottrine della prevenzione generale cosidetta negativa, o dell'intimidazione, hanno il merito di essere le sole a non confondere programmaticamente il diritto com la morale o com la natura, (...). Ciò dipende dal fatto che esse non hanno di mira i delinquenti, né come singoli né come categoria tipologiche, ma la generalità dei consociati,(...). Il loro utilitarismo, peraltro, si collega direttamente alla tradizione illuministica, che com maggiore fermezza teorizzò la separazione tra il diritto e la morale."

Direito Constitucional é limitar[42] o poder Estatal, de forma a proteger os cidadãos dos seus excessos. Vez que as maiores intervenções do Estado no indivíduo ocorrem na esfera Penal (quando o Estado deliberadamente viola direitos dos seus cidadãos como exposto no tópico anterior), e que o Processo Penal é o instrumento que o Estado se utiliza para executar a intervenção, é consequência lógica que estas áreas tenham intensa relação.

Na doutrina, este raciocínio ligando o Direito Constitucional ao Direito Penal foi afirmado por Von Linzt, e na contemporaneidade por Zaffaroni. O primeiro eloquentemente afirma que "o Código Penal é a Magna Charta do réu":

> *Nullum crimen sine lege, nulla poena sine lege.* Estas duas proposições são os baluartes do cidadão contra a onipotência estatal: tutelam o indivíduo contra o cego poder da maioria, contra o Leviatã. Embora possa soar paradoxal, **o código penal é a *Magna Charta* do réu.** (Franz von Liszt, *apud* MARINUCCI e DOLCINI, 2012, p. 8) Itálico e negrito exatamente como no original[43]

Zaffaroni, por sua vez, conecta o direito penal ao direito constitucional, e posteriormente ao Processo Penal: "o

42 Por tratar das Audiências de Custódia, para nosso estudo, o aspecto mais importante do Direito Constitucional é a limitação do Poder do Estado, mas também é tema constitucional a organização do Estado: "Direito Constitucional é a parcela da ordem jurídica que compreende a ordenação sistemática e racional de um conjunto de normas supremas encarregadas de organizar a estrutura do Estado e delimitar as relações de poder". (BULOS, 2010, p. 56)

43 Confrontar com o original: "*Nullum crimen sine lege, nulla poena sine lege.* Queste due proposizioni sono il baluardo del cittadino contro l'onnipotenza statuale: esse tutelano il singolo contro il cieco potere della maggioranza, contro il Leviatano. Per quanto possa suonate paradossale, **il codice penale è la *Magna Charta* del reo**."

direito penal é um apêndice indispensável do direito constitucional do Estado de direito" (ZAFFARONI, 2006, p. 172); e "(...) todos sabemos que o direito penal não toca sequer em um fio de cabelo do delinquente, o sismógrafo do direito penal liberal é o direito processual". (ZAFFARONI, 2006, 109)

O Processo Penal é a área do Direito que estabelece o procedimento que legitimará o uso de força - violência - por parte do Estado contra um dos seus integrantes/cidadãos, *i.e.* ele é o meio pelo qual se averiguará a presença do *ius puniendi* - tão peculiar, como visto no tópico anterior - e, caso este esteja presente, aplicará a punição. Logo, por sua natureza, esta área de estudo possui uma função estruturante na relação Indivíduo-Estado, vez que controla e limita a mais forte intervenção do segundo no primeiro: as relações dos Estados com os seus cidadãos são mais limitadas pelos seus códigos de processo penal, do que pelas suas constituições.

A relação afirmada por Von Linzt e por Zaffaroni pode também ser percebida nas Três Gerações de Direitos Humanos de Karel Vasak (Bulos, 2010). Esta teoria organiza os direitos fundamentais em três gerações que acompanham, aproximadamente, as palavras de ordem da Revolução Francesa. A primeira geração contempla os direitos individuais e as prestações negativas do Estado (*i.e.:* a contenção do Estado), e se refere à Liberdade; a segunda geração trata dos direitos sociais econômicos e culturais, e é vinculada à ideia de Igualdade; por fim[44], a terceira geração referente

44 Embora Bulos (2010) proponha um total de seis gerações de Direitos Fundamentais, nos limitamos apenas a três, pois esta foi a forma original da teoria de Karel Vasak; e para o presente estudo interessa apenas a primeira geração.

aos direitos difusos, se refere à Fraternidade. Em específico sobre a primeira geração:

> A primeira geração, surgida no final do século XVII, inaugura-se com o florescimento dos direitos e garantias individuais clássicos, os quais encontravam na limitação do poder estatal seu embasamento. (BULOS, 2010, p. 515)

A citação acima retoma todo o raciocínio já exposto: o constitucionalismo surgiu para conter o poder do Estado, e o maior poder do Estado é usar de violência contra seus cidadãos nos termos de seu Direito Penal, por meio de seu Processo Penal.

Sob o ponto de vista histórico, esta relação entre a necessidade de um julgamento ou *processo* para se atingir os bens de um indivíduo e *limitação de poder do Estado* remonta à *Magna Charta Libertatum* – "exemplo vigoroso pela busca da limitação do poder (...), instrumento que antecedeu as declarações de direitos fundamentais" (BULOS, 2010, p. 70) – cuja disposição de maior destaque trata justamente do *due process of law*:

> XXIX – Nenhum homem livre será detido ou aprisionado, ou privado de seus direitos ou posses, ou declarado fora da lei ou exilado, ou privado de seus sustentos por qualquer meio, nem nos valeremos da força contra ele, ou mandaremos outros

> para assim fazer, exceto por meio do julgamento legal pelos seus iguais, ou pela lei da terra. (INGLATERRA, 1297[45])[46]

O documento inglês exemplifica diversos atos que podem ser considerados manifestações de violência por parte do Estado ("detido", "exilado", "declarado fora da lei", "privado de seus sustentos"[47] etc.) e inclusive utiliza da expressão "*use of force*", se amoldando, portanto, aos termos weberianos[48] de que o Estado detém o monopólio do uso – legítimo – da força, e limitando e definindo parâmetros para este uso da violência: a força só será utilizada por um julgamento pelos pares, ou pela lei da terra *i.e.* por alguma forma de devido processo legal.

Esta disposição, além de estabelecer explicitamente o *due process of law*, ela implicitamente também estabelece o Estado de Inocência[49] ou da Não Culpabilidade: a violência estatal contra um de seus cidadãos só será admitida *após* um processo, *i.e.* antes de se verificar, por meio de um devido processo, a culpa, o réu não poderá ser tratado como culpado, punido, ou ter seus direitos violados deliberadamente

---

45 Houve diversas versões da Magna Charta, sendo a primeira a de 1215. Utilizamos a versão de 1297 por ter sido esta a que tivemos acesso ao conteúdo. Se o texto da de 1215 corresponde ao de 1297, esta é uma questão que deixamos aos arqueólogos britânicos.

46 Confrontar com o original: "No free man shall be seized or imprisoned, or stripped of his rights or possessions, or outlawed or exiled, or deprived of his standing in any way, nor will we proceed with force against him, or send others to do so, except by the lawful judgment of his equals or by the law of the land."

47 Os primeiros se referem a uma violação à liberdade, e este último à propriedade. Isto é, embora o documento seja anterior, ainda que imperfeitamente, ele se amolda às três formas de punição organizadas por Ferrajoli, que correspondem à trindade Lockeana.

48 Vide nota de rodapé 29.

49 Das diversas formas de se referir ao instituto, "estado de inocência" parece ser a mais correta, pois não se trata de o Estado *presumir* ou *assumir* a inocência, mas que o ponto de partida, o estado inicial, o padrão, o *default*, é a inocência.

pelo Estado. A Presunção de Inocência decorre da excepcionalidade insistentemente apontada do Estado – que deveria proteger a vida, a liberdade, e a propriedade – violar algum dos termos da trindade lockeana: vez que ele passa a atacar o que deveria proteger, é necessário que ele possua justificativas suficientes para o fazê-lo, devidamente verificadas e documentadas em um processo.

Apesar do importante marco inglês, esta máxima já existia no Direito Romano tendo sido ofuscada pela Idade Medieval, só sendo novamente reafirmada na Idade Moderna:

> Apesar de remeter ao direito romano, o princípio da presunção da inocência até a prova em contrário foi ofuscado, se não completamente invertido, pelas práticas inquisitoriais do Medievo Tardio. Basta recordar que no processo penal medieval a insuficiência de prova, que ainda deixasse uma suspeita ou uma dúvida sobre a culpabilidade, equivalia a uma semi-prova, que comportava um juízo de semi-culpabilidade, e uma semi-condenação a uma pena mais leve. Só no início da Idade Moderna ele voltou a ser reafirmado com decisão: 'eu não entendo', escreveu Hobbes, 'como se pode falar em delito, sem que tenha sido pronunciada uma sentença, nem como seja possível, sempre sem uma sentença precedente, infligir uma pena'. (...) Beccaria afirmou que 'um homem não pode ser chamado de réu antes da sentença do juiz, nem a sociedade pode tirar dele a proteção pública, a menos quando tenha sido decidido que ele violou os pactos que com ela [a sociedade] haviam sido acordados'. Tanto o princípio da jurisdicionalidade,

> quanto a presunção de inocência do imputado foram enfim dispostas no artigo 8 da Constituição da Virgínia e nos artigos 7 e 9 da Declaração de Direitos do Homem de 1989.[50;51] (FERRAJOLI, 2011, p. 560)

Como se não bastasse a ofuscação medieval à Presunção de Inocência, muito embora ela tenha sido amplamente e intensamente defendida na Idade Moderna pelos Iluministas, tanto os mencionados no extrato acima, quanto por Carrara, no extrato que segue, a partir do final do século XIX o instituto sofreu diversos ataques por parte da cultura penalística:

> Elevado por Francesco Carrara a "postulado" fundamental da ciência processual e a pressuposto de todas as outras garantias do processo, o princípio da presunção de inocência contudo vem sendo objeto de ataque concentrado do final

50 Ferrajoli (2011) utilizou três notas de rodapé para explicar este extrato, sendo a primeira delas a indicação dos documentos romanos que tratavam do Princípio da Inocência, e a segunda e a terceira sobre livros de procedimento inquisitorial. Elas não serão aqui reproduzidas, mas o leitor deve se considerar convidado a averiguá-las na obra referenciada.

51 Confrontar com o original: "Benché risalga al diritto romano, il principio della presunzione d'innocenza fino a prova contraria fu offuscato, se non addiirtura capovolto, dalle pratiche inquisitorie sviluppatesi nel Tardo Medioevo. Basti ricordare che nel processo penale medioevale l'insufficienza della prova, qualora lasciasse sussistere un sospetto o un dubbio di colpevolezza, equivaleva a una semi-prova, che comportava un giudizio di semi-colpevolezza e una semi-condanna a una pena più lieve. Solo all'inizio dell'età moderna esso venne riaffermato com decisione: 'io non capisco' scrisse Hobbes, 'come si possa parlare de delitto, senza che sia stata pronunciata una sentenza, né come sia possibile sempre senza una precedente sentenza, infliggere una pena'. (...) Beccaria affermò che 'un uomo non può chiamarsi *reo* prima della sentenza del giudice, né la società può toglierli la pubblica protezione, se non quando sia deciso ch'egli abbia violato i patti co'quali gli fu accordata'. Sia il principio di giurisdizionalità che la presunzione d'innocenza dell'imputato furono infine sanciti dall'art. 8 della Costituzione della Virginia e dagli articoli 7 e 9 della Dichiarazione dei diritti dell'uomo dell'89".

> do século XIX em diante, em sintonia com as mudanças autoritárias da cultura penalística. (...) o Primeiro ataque veio da Escola positiva italiana. Raffaele Garofalo e Enrico Ferri, em coerência com suas opções substancialistas, consideraram "vazia", "absurda", e "ilógica" a própria fórmula da presunção de inocência.[52] (FERRAJOLI, 2011, p. 560)

O reconhecimento do instituto continuou neste movimento *pendular*, tendo se agravado com o pensamento de viés autoritário que se formava no final do século XIX e com os ventos declaradamente autoritários da primeira metade do século XX, que culminaram com o fascismo. Após a derrocada deste movimento, o pêndulo iniciou seu retorno, e os dois princípios acima se fizeram presentes nos ordenamentos de diversos Estados de Direito incluindo a Itália[53] (em 1947), e

52 Confrontar com o original: "Elevato da Francesco Carrara a "postulato" fondamentale della scienza processuale e a pressuposto di tutte le altre garanzie del processo, il principio della presunzione d'innocenza è stato però oggetto di un attacco concentrico dalla fine dell'Ottocento in poi, in sintonia com la svolta autoritaria più volte rilevata della cultura penalistica.(...) Il primo attacco fu portato dalla Scuola positiva italiana Raffaele Garofalo ed Enrico Ferri, in coerenza com le loro opzioni sostanzialistiche, considerarono 'vuota', 'assurda', ed 'illogica' la formula stessa della presunzione d'innocenza...".

53 Artigos 13 e 27 da Constituição da República Italiana: Art. 13 A liberdade pessoal é inviolável. Não é permitida qualquer forma de detenção, de inspeção ou de pesquisa pessoal, nem qualquer outra restrição da liberdade pessoal a não ser por mandado do tribunal e só em casos e na forma previstos em lei. Em casos excepcionais de necessidade e urgência, estritamente definido por lei, as autoridades policiais podem adotar medidas temporárias que devem ser comunicadas no prazo de quarenta e oito horas para as autoridades judiciais e, se não for ratificado por eles nas próximas quarenta e oito horas, eles são revogados e perdem seus efeitos. É punida qualquer violência física e moral contra as pessoas submetidas a limitações de liberdade. A lei estabelece o período máximo de detenção preventiva. Art. 27. A responsabilidade penal é pessoal. O acusado não é considerado culpado até a sentença final. A punição não pode consistir em tratamento contrário à dignidade humana e deve visar a reabilitação do agressor. Não é permitida a pena de morte. Confrontar com o original

o Brasil[54] (em 1988) - em ambos os casos como "presunção de não culpabilidade" - chegando ao Pacto de São José da Costa Rica (assinado em 1969), (aqui como "presunção de inocência")[55]

No caso do Brasil, cumpre destacar que de fato o princípio da inocência só foi previsto na Constituição em 1988. Existia contudo o que parece ser uma forma arcaica deste princípio na Constituição Imperial de 1824, que afirmava que para se prender alguém era necessário que houvesse "culpa formada":

"Art. 13. La libertà personale è inviolabile. Non è ammessa forma alcuna di detenzione, di ispezione o perquisizione personale, né qualsiasi altra restrizione della libertà personale, se non per atto motivato dell'autorità giudiziaria e nei soli casi e modi previsti dalla legge. In casi eccezionali di necessità ed urgenza, indicati tassativamente dalla legge, l'autorità di pubblica sicurezza può adottare provvedimenti provvisori, che devono essere comunicati entro quarantotto ore all'autorità giudiziaria e, se questa non li convalida nelle successive quarantotto ore, si intendono revocati e restano privi di ogni effetto. È punita ogni violenza fisica e morale sulle persone comunque sottoposte a restrizioni di libertà. La legge stabilisce i limiti massimi della carcerazione preventiva." e "Art. 27. La responsabilità penale è personale. L'imputato non è considerato colpevole sino alla condanna definitiva. Le pene non possono consistere in trattamenti contrari al senso di umanità e devono tendere alla rieducazione del condannato. Non è ammessa la pena di morte."

54 Incisos LIV (ninguém será privado da liberdade ou de seus bens sem o devido processo legal) e LVII (ninguém será considerado culpado até o trânsito em julgado de sentença penal condenatória); do artigo 5º da Constituição da República Federativa do Brasil. No caso do primeiro inciso, são mencionados dois dos três bens da trindade lockeana (liberdade e bens), estando a pena de morte disposta no inciso XLVII, que a proíbe.

55 Artigo 8. Garantias judiciais 1. Toda pessoa tem direito a ser ouvida, com as devidas garantias e dentro de um prazo razoável, por um juiz ou tribunal competente, independente e imparcial, estabelecido anteriormente por lei, na apuração de qualquer acusação penal formulada contra ela, ou para que se determinem seus direitos ou obrigações de natureza civil, trabalhista, fiscal ou de qualquer outra natureza. 2. Toda pessoa acusada de delito tem direito a que se presuma sua inocência enquanto não se comprove legalmente sua culpa. (...) (PACTO DE SÃO JOSÉ DA COSTA RICA).

> Art. 179. A inviolabilidade dos Direitos Civis, e Politicos dos Cidadãos Brazileiros, que tem por base a liberdade, a segurança individual, e a propriedade, é garantida pela Constituição do Imperio, pela maneira seguinte.
> (...)
> VIII. Ninguem poderá ser preso sem culpa formada, excepto nos casos declarados na Lei; e nestes dentro de vinte e quatro horas contadas da entrada na prisão, sendo em Cidades, Villas, ou outras Povoações proximas aos logares da residencia do Juiz; e nos logares remotos dentro de um prazo razoavel, que a Lei marcará, attenta a extensão do territorio, o Juiz por uma Nota, por elle assignada, fará constar ao Réo o motivo da prisão, os nomes do seu accusador, e os das testermunhas, havendo-as[56]. (CONSTITUIÇÃO POLÍTICA DO IMPÉRIO DO BRAZIL)

Esta expressão foi repetida na Constituição Republicana de 1891, em uma disposição muito próxima daquela da Constituição Imperial[57], ela foi suprimida da Constituição de 1934[58],

56 Face a idade do texto, apenas o repetimos da exata forma que ele se encontra em nossa fonte.

57 Art. 72. A Constituição assegura a brazileiros e a estrangeiros residentes no paiz a inviolabilidade dos direitos concernentes á liberdade, á segurança individual e á propriedade nos termos seguintes: (...) § 14. Ninguem poderá ser conservado em prisão sem culpa formada, salvas as excepções especificadas em lei, nem levado á prisão, ou nella detido, si prestar fiança idonea, nos casos em que a lei a admittir. (CONSTITUIÇÃO DA REPÚBLICA DOS ESTADOS UNIDOS DO BRASIL DE 1891)

58 Art 113 - A Constituição assegura a brasileiros e a estrangeiros residentes no País a inviolabilidade dos direitos concernentes à liberdade, à subsistência, à segurança individual e à propriedade, nos termos seguintes: (...) 21) Ninguém será preso senão em flagrante delito, ou por ordem escrita da autoridade competente, nos casos expressos em lei. A prisão ou detenção de qualquer pessoa será imediatamente comunicada ao Juiz competente, que a relaxará, se não for legal, e promoverá, sempre que de direito, a responsabilidade da autoridade coatora.

mas retornou na Constituição de 1937[59], tendo deixado de vigorar em razão do Decreto nº 10.358, de 31 de agosto de 1942, que declarou o estado de guerra em todo o território nacional, em razão da entrada do Brasil na Segunda Grande Guerra.

Embora quando da promulgação da Constituição de 1946 a Segunda Guerra já tinha acabado com a derrota do Eixo, e a Itália, tentando exorcizar de seu sistema jurídico-político o fascismo, iria no ano seguinte promulgar uma Constituição com a presunção de não-culpabilidade, no Brasil, em 1946 sequer se repetiu a disposição de 1937 (sua antecessora) no que se refere à "culpa formada"[60].

Se o instituto não foi disposto no documento fundacional confeccionado logo após o fim da Segunda Guerra Mundial, não seria na Carta Militar de 1967[61], ou na

---

(CONSTITUIÇÃO DA REPÚBLICA DOS ESTADOS UNIDOS DO BRASIL DE 16 DE JULHO DE 1934)

59 Art 122 - A Constituição assegura aos brasileiros e estrangeiros residentes no País o direito à liberdade, à segurança individual e à propriedade, nos termos seguintes: (...) 11) à exceção do flagrante delito, a prisão não poderá efetuar-se senão depois de pronúncia do indiciado, salvo os casos determinados em lei e mediante ordem escrita da autoridade competente. Ninguém poderá ser conservado em prisão sem culpa formada, senão pela autoridade competente, em virtude de lei e na forma por ela regulada; a instrução criminal será contraditória, asseguradas antes e depois da formação da culpa as necessárias garantias de defesa. (CONSTITUIÇÃO DOS ESTADOS UNIDOS DO BRASIL DE 10 DE NOVEMBRO DE 1937)

60 As disposições na Constituição de 1946 referentes às garantias penais estão do parágrafo 20 ao 33 do artigo 141. As disposições que mais se assemelham àquelas das Constituições anteriores são os parágrafos 20, 21, e 22: § 20 - Ninguém será preso senão em flagrante delito ou, por ordem escrita da autoridade competente, nos casos expressos em lei. § 21 - Ninguém será levado à prisão ou nela detido se prestar fiança permitida em lei. § 22 - A prisão ou detenção de qualquer pessoa será imediatamente comunicada ao Juiz competente, que a relaxará, se não for legal, e, nos casos previstos em lei, promoverá a responsabilidade da autoridade coatora.

61 As disposições na Constituição de 1967 referentes às garantias penais estão do parágrafo 11 ao 21 do artigo 150. A disposição que se assemelha àquelas das Constituições anteriores é o parágrafo 12 com o seguinte texto: "§ 12 - Ninguém

Emenda Constitucional de 1969[62] que ele surgiria, e, de fato, nestes documentos não há nada próximo de "culpa formada" ou de presunção de inocência.

Em que pese a incerteza quanto ao termo "culpa formada", quando se analisa o momento filosófico – como descrito por Ferrajoli (2011) – das Constituições brasileiras, se percebe que há uma correspondência entre a aceitação ou não da presunção de inocência na lógica punitiva, e nas Constituições brasileiras.

Como o autor narrou, na Idade Moderna e em especial no Iluminismo, a presunção de inocência foi reafirmada sendo que posteriormente ela viria a sofrer um ataque filosófico no século XIX, ataque este que culminaria com o autoritarismo que desembocou na Segunda Guerra Mundial. Como havia uma demora para as ideias europeias chegarem na América Latina, é lógico que o ataque (que ainda se iniciava na Europa no século XIX) à presunção de inocência tenha chegado atrasado no Brasil, o que permitiu a constitucionalização desta ideia iluminista (um iluminismo tardio latino americano) ainda em 1824[63].

---

será preso senão em flagrante delito ou por ordem escrita de autoridade competente. A lei disporá sobre a prestação de fiança. A prisão ou detenção de qualquer pessoa será Imediatamente comunicada ao Juiz competente, que a relaxará, se não for legal."

62 As disposições na Emenda Constitucional 1 de 1969 referentes às garantias penais estão nos parágrafos de 11 a 21, do artigo 153. A disposição que se assemelha àquelas das Constituições anteriores é o parágrafo 12 com o seguinte texto: "§ 12. Ninguém será prêso senão em flagrante delito ou por ordem escrita de autoridade competente. A lei disporá sôbre a prestação de fiança. A prisão ou detenção de qualquer pessoa será imediatamente comunicada ao juiz competente, que a relaxará, se não fôr legal".

63 Inclusive, a presença do pensamento iluminista nesta carta é reconhecida na academia: "Curiosamente, o Texto do Império trazia um extenso rol de liberdades públicas, convertidas numa Declaração de Direitos. Nesse particular, foi

As aparições desta expressão nas Constituições de 1891 e 1937 são mais difíceis de hipotetizar, especialmente face à sua supressão ocorrida na Constituição de 1934[64]. De qualquer forma, a sua presença na Constituição Imperial, sua ausência a partir da Constituição de 1946, e a previsão da presunção de inocência na Constituição de 1988 mostram um movimento também pendular, e com algum atraso em relação à Europa Continental. No caso da Constituição Imperial, o iluminismo ainda não estava sendo criticado no Brasil, como ocorria na Europa Continental, no pós-guerra brasileiro não havia o asco com o fascismo, que ocorria na Itália, e ali resultou na presunção de não culpabilidade disposta em 1947.

Além das Constituições da Itália e do Brasil, e do Pacto de São José da Costa Rica, a presunção de inocência também se fez presente no Sistema Garantista de Ferrajoli (2011). Embora este sistema seja uma construção doutrinária, seu estudo é importante por dois motivos: primeiro porque ele cria um modelo punitivo ideal, e segundo porque o sistema punitivo de um Estado de direito é necessariamente garantista: "Referir-se a um direito penal garantista em um Estado de direito é uma redundância grosseira, porque nele não pode haver outro direito penal senão o de garantias, de modo que se supõe que todo penalista nesse marco é partidário das garantias, isto é, garantista". (ZAFFARONI, 2006, P. 173)

---

influenciada pelas Revoluções Americana, de 1776, e Francesa, de 1789". (BULOS, 2010, p. 479)

64 Este é um dos pontos da presente dissertação que merece um estudo histórico jurídico específico, inicialmente para compreender o real significado de "culpa formada", e posteriormente para explicar a presença desta expressão na Constituição Imperial, sua manutenção na Constituição Republicana, a sua ausência na Constituição de 1934, e seu retorno na Constituição de 1937.

Este Sistema é a reunião de dez axiomas[65], que formam um limite ideal de um sistema punitivo garantista de direito, e de responsabilidade penal. Tais brocardos podem ser rastreados até os séculos XVII e XVIII, tendo sido gradualmente incorporados nas constituições e nos códigos dos ordenamentos civilizados, e correspondem cada qual grosso modo a um princípio penal, conforme reprodução abaixo:

Quadro 2: Correspondência entre as máximas latinas e os princípios proposta por Ferrajoli.

CÓDIGO	MÁXIMA LATINA	PRINCÍPIO
A1	*Nulla poena sine crimine*	Retributividade
A2	*Nullum crimen sine lege*	Legalidade
A3	*Nulla lex (poenalis) sine necessitate*	Necessidade
A4	*Nulla necessitas sine iniuria*	Ofensividade
A5	*Nulla iniuria sine actione*	Materialidade
A6	*Nulla actio sine culpa*	Culpabilidade
A7	*Nulla culpa sine iudicio*	Jurisdicionalidade
A8	*Nullum iudicium sine accusatione*	Acusatório
A9	*Nulla accusatio sine probatione*	Ônus da Prova
A10	*Nulla probatio sine defensione*	Contraditório

Fonte: Ferrajoli (2011).

65 Sobre a nomenclatura utilizada: "axioma" referencia as frases em latim propostas por Ferrajoli, "princípio" se refere aos axiomas, mas da forma mais vulgar da prática jurídica.

Este sistema possui diversas propriedades lógicas que merecem análise. Cada máxima estabelece uma relação entre dois termos[66] segundo a fórmula "*Nulla A sine B*". A máxima sucessora se vale do segundo termo da sua antecessora, o usa como o primeiro termo e acrescenta um terceiro termo: *Nulla A sine B*, seguida de *Nulla B sine C*; assim, surge uma ligação entre cada termo e seu sucessor imediato, e, em uma análise ampla, surge também um encadeamento entre cada termo e todos os seus sucessores: todo o sistema se encontra relacionado.

Este tipo de relação entre uma proposição e todas as suas sucessoras é denominada em Lógica Clássica de *relação transitiva* (Mortari 2011). Devido à transitividade destas relações, um operador deste sistema pode selecionar qualquer termo (a exceção do último) e relacioná-lo com qualquer termo seguinte: *Nulla A sine B*, e, *Nulla B sine C*, logo *Nulla A sine C*, ou *ad infinitum Nulla A sine Z.*

Exemplificando com os axiomas traduzidos: "Não há pena sem crime", e "não há crime sem lei", logo, "não há pena sem lei" (sem previsão legal); e chegando ao limite do sistema relacionando o primeiro com o último termo: "Não há pena sem Defesa" (não pode haver punição de um indivíduo sem ter sido a ele oportunizado que se defendesse).

Ao se conflitar cada termo com seus sucessores possíveis[67], derivam-se quarenta e cinco outras máximas totalizando cinquenta e cinco proposições. Para se referir aos axiomas originais, Ferrajoli (2011) utiliza o código "AX", em que X se refere a um dos termos em análise, seguindo a

66 Ainda com relação à nomenclatura, "termo" neste caso significa estritamente os onze substantivos utilizados pelo autor em suas proposições lógicas: *poena, crimen, lex, necessitas, iniuria, actio, culpa, iudicium, accusatio,* e *probatio.*

67 Ferrajoli (2011, p. 70) se refere a estas operações como "banali sillogismi".

ordem por ele proposta; para se referir às proposições derivadas dos axiomas originais, o autor usa o código "TXY" onde X será um dos termos em análise, e Y qualquer dos termos sucessores.

A necessidade de um processo – princípio da jurisdicionalidade – vem disposta no Sistema Garantista em seu axioma sete *Nulla culpa sine iudicio:* não se verifica a culpa sem a realização de um julgamento. Já a presunção de inocência permeia e antecede todo o Sistema Garantista, é conclusão lógica do princípio da jurisdicionalidade, e produto do que autor veio a chamar de *opção garantista*:

> Se a jurisdição é a atividade necessária para averiguar a prova de que um cidadão cometeu um crime, até que esta prova seja verificada mediante um regular julgamento, nenhum crime pode ser considerado cometido e nenhum cidadão pode ser considerado culpado nem submetido a uma pena (...) Neste sentido o princípio da jurisdicionalidade – exigindo em sentido lato que não se afirme a culpa sem um julgamento (axioma A7) (...) – postula a *presunção de inocência* do imputado até a prova em contrário sacramentada em sentença definitiva de condenação. (...) Não a inocência, mas a culpa deve ser demonstrada, e é a prova da culpa – e não da inocência, desde o início presumida – que forma o objeto do judicio.
>
> Este princípio fundamental de civilidade representa o fruto de uma opção garantista a favor da tutela da imunidade dos inocentes, mesmo ao preço da impunidade dos culpados. "Basta ao corpo social que os culpados sejam *geralmente* punidos", escreveu Lauzé di Peret, "mas é de seu grande interesse que todos os inocentes *sem*

exceção sejam protegidos".[68] (FERRAJOLI, 2011, p. 559) Itálico no original

No próprio extrato acima, o autor já explicita que, sem o devido julgamento, um cidadão não pode ser submetido a uma punição. Dentro do Sistema Garantista, a relação direta entre *poena* e *iudicio* é feita pela máxima derivada T17 – *Nulla poena sine iudicio,* "não há pena sem julgamento", isto é: é necessária a realização de um julgamento para se poder aplicar a pena.

Retornando à ideia do início deste capítulo, a pena é uma violação por parte do Estado de um dos bens jurídicos que ele fora criado para defender. Locke admite a punição, mas em caráter excepcional e apenas para garantir a ordem pública. Beccaria também a admite, mas cobra que se franqueie ao réu os meios e o tempo oportuno para ele se defender. A *Magna Charta Libertatum* afirma que ninguém será detido ou privado de suas posses sem um devido processo legal. Ferrajoli conseguiu reunir estas ideias em seu Sistema Garantista, que tem a máxima derivada T17 *nulla poena sine iudicio.*

68 Confrontar com o original: "Se la giurisdizione è l'attività necessaria per ragiungere la prova che un soggetto ha comesso un reato, fino a che tale prova non sia stata raggiunta mediante un regolare giudizio, nessun reato può essere considerato comesso e nessun soggetto può essere ritenuto colpevole né sottoposto a pena. In questo senso il principio di giurisdizionalità – esigendo in senso lato che non si dia colpa senza giudizio (assioma A7) (...) postula la *presunzione d'innocenza* dell'imputato fino alla prova contraria sancita dalla sentenza definitiva di condanna. (...) Non l'innocenza, ma la colpa dev'essere dimostrata; ed è la prova della colpa – anziché quella dell'innocenza, dall'inizio presunta – che forma l'oggetto del giudizio. Questo principio fondamentale di civiltà rappresenta il frutto di un 'opzione garantista a favore della tutela dell'immunità degli innocenti, anche a prezzo dell'impunità di qualche colpevole. "Basta al corpo sociale che i colpevoli siano generalmente puniti", scrisse Lauzé di Peret, "ma è suo grande interesse che tutti gli innocenti senza eccezione siano protetti".

Apesar de tudo isto, existem nos ordenamentos jurídicos contemporâneos hipóteses em que o Estado viola o direito de algum cidadão não por punição, mas por *cautela*, antes de uma sentença definitiva: as prisões (e outras medidas) cautelares.

2.3 A Questão Cautelar

O raciocínio desenvolvido ao longo deste capítulo já mostrou a incoerência – *a priori* – da aplicação de uma medida cautelar, frente às razões de ser do Estado e às limitações aos sistemas punitivos decorrentes dos princípios da jurisdicionalidade, e da presunção de inocência (que, como já exposto, possuem uma forte vinculação). A pena em si, mesmo após o transcurso de um processo, já é uma situação limite dentro da ordem jurídica em que o Estado deliberadamente ataca um direito de um dos seus cidadãos. Na hipótese de uma prisão cautelar (ou de medidas cautelares diversas da prisão), haverá um ataque à liberdade do cidadão, sem a certeza de um julgado, *i.e.*, trata-se da exceção da situação já limite.

Ao tratar do tema na abertura de seu argumento, Ferrajoli (2011) logo afirma considerar ilegítimo e inadmissível o instituto da custódia cautelar: "... pretendo sustentar a ilegitimidade e inadmissibilidade que se derivam do instituto central na experiência processual contemporânea que é o encarceramento preventivo do imputado, antes da condenação[69]" (FERRAJOLI, 2011, p. 561). Em seguida, o autor faz

69 Confrontar com o original: "... intendo sostenere l'illegittimità e l'inammissibilità che ne derivano di quell'istituto ormai centrale nell'esperienza proces-

um pequeno histórico do instituto, relacionando-o inversamente com a presunção de inocência, *i.e.* quanto maior for a consideração conferida à presunção de inocência, menos será a conferida à custódia (e outras medidas cautelares):

> A história da detenção cautelar do imputado na pendência de um julgamento é estritamente conectada àquela do princípio da presunção de inocência (...) no Medioevo [a detenção cautelar] se tornou, com o desenvolvimento do procedimento inquisitorial, o pressuposto ordinário da instrução, baseada essencialmente na disponibilização do corpo do acusado como meio para se obter a confissão *per tormenta.* Ela só voltou a ser estigmatizada no Iluminismo, contemporaneamente à reafirmação do princípio "nulla poena, nulla culpa sine judicio" e a redescoberta do processo acusatório[70]. (FERRAJOLI, 2011, p. 562)

Embora Ferrajoli tenha afirmado em seu histórico sobre a presunção de inocência descrito no capítulo anterior que esta já existia em Roma Antiga[71], ele inicia sua narrativa sobre as detenções cautelares pela Inquisição, onde tal presunção era negada, e a detenção cautelar era

---

suale contemporanea che è la carcerazione preventiva dell'imputato prima della condanna". (FERRAJOLI, 2011, p. 561)

70 Confrontar com o original: "La storia della detenzione cautelare dell'imputato in pendenza di giudizio è strettamente connessa a quella del principio della presunzione d'innocenza. (...) nel Medioevo [la detenzione cautelare] divenne, com lo sviluppo della procedura inquisitoria il pressuposto ordinario dell'istruzione, basata essenzialmente sulla disponibilità del corpo dell'accusato quale mezzo per ottenerne la confessione *per tormenta.* E tornò ad essere stigmatizzata soltanto nell'età dell'Illuminismo, comtemporaneamente alla riafismazione del principio "nulla poena, nulla culpa sine judicio" e alla riscoperta del processo acusatorio."

71 Vide nota de rodapé 51.

a regra da instrução. Esta estrutura foi revolucionada na idade moderna tendo as maiores críticas à utilização das detenções preventivas ocorridas no século das luzes:

> ... para *Hobbes*, a custódia preventiva não é uma pena mas um 'ato de hostilidade' contra o cidadão, (...). Para Beccaria 'a privação da liberdade, que é uma pena, não pode preceder à sentença, salvo em caso de necessidade: precisamente a 'custódia de um cidadão até ser julgado réu, ... deve durar o menor tempo possível e deve ser o menos sofrida possível'[72]. (FERRAJOLI, 2011, p. 562)

Seguindo a mesma lógica pendular[73] da presunção de inocência, exposta no tópico anterior, com a volta da cultura

72 Confrontar com o original: "... per Hobbes, la custodia preventiva non è una pena ma un 'atto di ostilità' contro il cittadino, (...). Per Beccaria 'la privazione della libertà essendo una pena, essa non può precedere la sentenza se non quando la necessità lo chiede': precisamente la 'custodia d'un cittadino finché sia giudicatto reo, ... deve durare il minor tempo possibile e dev'essere meno dura che si possa.'"

73 Este padrão de movimento que ocorreu tanto na presunção de inocência (no tópico anterior) quanto na aplicação das medidas cautelares penais (neste tópico) pode ser explicado pelo argumento de Zaffaroni (2006) de que o Estado de Direito é uma tentativa de conter o poder absoluto, que, na melhor das hipóteses, o subjuga, sempre havendo a pulsão por parte do poder absoluto de quebrar seus grilhões: "Os Estados de direito não são nada além da contenção dos Estados de polícia, penosamente conseguida como resultado da experiência acumulada ao longo das lutas contra o poder absoluto. (...) Porém estas couraças (ou *corsés*) de contenção que foram construídas através dos tempos *não eliminaram o Estado de polícia, apenas o encapsularam.* No interior de todo Estado de direito histórico, quem detém o Poder Executivo ou suas agências tenta livrar-se, com demasiada frequência, de todos os controles e limitações e, dependendo do vigor da contenção, é em maior ou menor medida bem sucedido. (...) *existe uma dialética contínua no Estado de direito real, concreto ou histórico, entre este e o Estado de polícia. O Estado de polícia que o Estado de direito carrega em seu interior nunca cessa de pulsar, procurando furar e romper os muros que o Estado de direito lhe coloca.*" (ZAFFARONI, 2006, p. 169-170)

penal autoritária no século XIX e seu encrudescimento na primeira metade do século XX, a presunção de inocência passou a ser cada vez mais desconsiderada e negada, e as detenções cautelares se tornaram novamente a regra:

> ... depois da guinada autoritária e inquisitória da cultura penal do século XIX [o encarceramento preventivo] se radicou profundamente em todos os ordenamentos europeus: apareceu nas cartas constitucionais, consolidou-se nos códigos e se estendeu nas práticas investigativas e judiciais, até chegarem as dimensões patológicas da atualidade[74]. (FERRAJOLI, 2011, p. 563-564)

A banalização do cárcere preventivo perverteu a razão de ser do instituto, ele deixou de ser uma medida excepcional determinado pela absoluta necessidade da investigação, e passou a ser visto como um instrumento de prevenção de crimes, partindo de um pressuposto de culpabilidade do suspeito. Começou-se a atribuir ao instituto da prisão preventiva as mesmas funções da prisão pena, o que evidenciou ainda mais seu caráter de uma punição sem sentença:

> A perversão mais grave do instituto, legitimada tanto por Carrara e ainda antes por Pagano, foi a sua mutação de instrumento exclusivamente processual limitado pela "estrita necessidade" instrutória, em instrumento de prevenção e defesa social, motivado da necessidade de impedir

74 Confrontar com o original: "... dopo la svolta autoritaria e inquisitoria della cultura penale ottocentesca [la carcerazione preventiva] si è radicata profondamente in tutti gli ordinamenti europei: comparendo nelle carte costituzionali, consolidandosi nei codici ed estendendosi nelle prassi, fino a raggiungere le ben note dimensioni patologiche odierne."

> ao imputado a comissão de outros delitos. É claro que um argumento similar, fazendo pesar sobre o imputado uma presunção de periculosidade baseada unicamente no suspeito da comissão do crime, equivalia de fato a uma presunção de culpabilidade; por outro lado, ao conferir à custódia preventiva a mesma finalidade que da pena, ela perde a única folha de figo[75] representada pelo sofisma segundo o qual ela seria uma medida "processual", ou "cautelar" e portanto "não penal", em vez de uma ilegítima *pena sem julgamento*[76]. (FERRAJOLI, 2011, p. 563-564)

O entendimento acima de que a prisão (e outras medidas) cautelar é uma pena sem julgamento é um raciocínio que está completamente de acordo com aquele desenvolvido neste capítulo, de que a punição é um ataque do Estado a algum dos bens jurídicos que ele deveria proteger, que este ataque só é tolerado após se verificar a culpa por meio de um

75 Aqui o autor italiano demonstrando sua inegável cultura cristã, faz referência às folhas de figo com as quais Adão e Eva teriam, no Gênesis (3:7), tentado em vão se cobrir: "Então, ambos [Adão e Eva] abriram os olhos e se deram conta que estavam nus; entrelaçaram folhas de figo e fizeram para si cintas [cintos, saias, etc.]. Confrontar com o original: "Allora si aprirono gli occhi di tutti e due e conobbero di essere nudi; intrecciarono foglie di fico e se ne fecero cinture." (BIBBIA DI GERUSALEMME)

76 Confrontar com o original: "La perversione più grave dell'istituto, legittimata purtroppo da Carrara e ancor prima da Pagano, è stata la sua mutazione da strumento esclusivamente processuale finalizzato alle "strette necessità" istruttorie, in strumento di prevenzione e di difesa sociale, motivato dalla necessità di impedire all'imputato la comissione di altri delitti. È chiaro che un simile argomento, facendo pesare sull'imputato una presunzione di pericolosità basata unicamente sul sospetto del commesso reato, equivaleva di fatto a una presunzione di colpevolezza; e che inoltre, assegnando alla custodia preventiva le medesime finalità oltre che lo stesso contenuto afflitivo della pena, vale a privarla di quell'unica foglia di fico rappresentata dal sofisma secondo cui essa sarebbe una misura "processuale", o "cautelare" e comunque "non penale", anziché un'illegittima *pena senza giudizio*."

julgamento e que, no caso das cautelares, ocorre um ataque a estes bens, uma punição, portanto, anterior ao julgamento. Esta é também a conclusão de Zaffaroni:

> A *medida cautelar* é pena cautelar, ou seja, por precaução o poder punitivo é exercido condenando-se materialmente todos os acusados a uma medida e revisando-se com grande parcimônia essas condenações, num processo que se arrasta anos a fio, com o intuito de verificar se corresponde a uma pena formal. O desencarceramento ou a cessação da prisão preventiva ou provisional representa uma absolvição, pois corresponde a quase todos os seus efeitos. (ZAFFARONI, 2006, p. 70)

Na Itália de Ferrajoli, a situação das cautelares penais chegou ao seu ápice com o regime fascista, que admitiu noções impossíveis dentro de uma lógica garantista, como a execução provisória ou antecipada da pena[77]:

---

77 Ambas as expressões se fizeram presentes na cultura forense brasileira em 2016 em razão do julgamento em plenário do HC 126292, que admitiu a prisão após a condenação em segunda instância. Tal qual Ferrajoli mencionou o fascismo, em seu voto, o Ministro Celso de Mello afirma ser característica particular às autocracias o não reconhecimento da presunção de inocência: "Na realidade, somente sociedades autocráticas que não reconhecem direitos básicos aos seus cidadãos repudiam e desprezam o direito fundamental de qualquer indivíduo de sempre ser considerado inocente até que ocorra o definitivo trânsito em julgado de sua condenação penal, independentemente do caráter (hediondo ou não) do crime pelo qual está sendo investigado ou processado. Concluo o meu voto, Senhora Presidente. E, ao fazê-lo, peço vênia para acompanhar, integralmente, o eminente Ministro MARCO AURÉLIO, Relator, e deferir o pedido de 'medida cautelar', reafirmando, assim, no que concerne à interpretação conforme do art. 283 do CPP, na redação dada pela Lei nº 12.403/2011, a tese segundo a qual a execução provisória (ou prematura) da sentença penal condenatória revela-se frontalmente incompatível com o direito fundamental do réu de ser presumido inocente até que sobrevenha o trânsito em julgado de sua condenação criminal, tal como expressamente

> Com o advento do fascismo, a presunção de inocência entrou abertamente em crise, não houve mais freios ao uso e abuso da custódia preventiva e da sua aberta legitimação, sem giros hipócritas de palavra, como "medida de segurança processual" (...) O encarceramento preventivo assumia desta forma a fisionomia de uma verdadeira medida de prevenção contra os perigosos e os suspeitos, ou pior, uma execução provisória ou antecipada da pena[78]. (FERRAJOLI, 2011, p. 564)

Em que pese o drama italiano que ainda tenta cicatrizar o fascismo, na América Latina a situação penal cautelar contemporânea também é grave, talvez ainda mais grave que aquela italiana. Segundo Zaffaroni (2006), no *Mundus Novus*, a maior parte dos presos esta encarcerada não em razão de um cumprimento de pena, mas por força de uma detenção cautelar:

> A característica mais destacada do poder punitivo latino-americano atual em relação ao aprisionamento é que a grande maioria - aproximadamente ¾ - dos presos está submetida a medidas de contenção, porque são *processados não condenados.* Do ponto de vista formal, isso constitui uma *inversão do sistema penal,* porém, segundo a realidade percebida e

---

assegurado pela própria Constituição da República." (SUPREMO TRIBUNAL FEDERAL, HC 126292, Voto Ministro Celso de Mello)

78 Confrontar com o original: "Con l'avvento del fascismo, [è] entrata apertamente in crisi la presunzione d'innocenza, non ci furuno più freni all'uso e all'abuso della custodia preventiva e alla sua aperta legittimazione, senza pudibondi giri di parola, come "misura di sicurezza processuale (...) La carcerazione preventiva assumeva in tal modo la fisionomia di una vera misura di prevenzione contro i pericolosi e i sospetti, o peggio di un'esecuzione provvisoria, o anticipata, della pena."

> descrita pela criminologia, trata-se de um poder punitivo que há muitas décadas preferiu operar mediante a prisão preventiva ou por *medida de contenção provisória* transformada definitivamente em prática. Falando mais claramente: quase todo o poder punitivo latino-americano é exercido sob a forma de *medidas*, ou seja, tudo se converteu em privação de liberdade sem sentença firme, apenas por presunção de periculosidade. (ZAFFARONI, 2006, p. 70)

Isto gera uma inversão filosófica dentro do sistema penal: como já exposto, admite-se a punição estatal, a violação de um dos bens lockeanos de um cidadão, após a conclusão de um processo em que se verificou a culpa do cidadão; no caso das cautelares a violação anterior à culpa poderia até ser tolerada, mas de forma absolutamente excepcional. Ocorre que, na América Latina, a prisão cautelar que deveria ser exceção passou a ser regra[79], e a prisão pena, antes regra, se tornou a exceção. De fato, três quartos dos presos na América Latina estão encarcerados em razão de uma cautelar:

> Dito em termos mais claros: aproximadamente ¾ dos presos latino-americanos estão submetidos a medidas de contenção por suspeita (prisão ou detenção preventiva).

79 Esta tendência dos Estados de Exceção se tornarem regra é um dos objetos de estudo atuais do filósofo italiano Giorgio Agamben: "Uma das teses da presente pesquisa é que o Estado de Exceção como estrutura política emerge, no nosso tempo, sempre de uma forma suave e tende por derradeiro a se tornar a regra." Confrontar com o original: "Una delle tesi della presente ricerca è che proprio lo stato di eccezione, come struttura politica fondamentale, nel nostro tempo emerge sempre piú in primo piano e tende, in ultimo, a diventare la regola." (AGAMBEN, 2012, p. 24) Esta ideia está de acordo com a pulsão do Estado de Polícia no âmago do Estado de Direito tratada na nota de rodapé 73.

> Desses, quase 1/3 será absolvido, Isto significa que em ¼ dos casos os infratores são condenados formalmente e são obrigados a cumprir apenas o resto da pena; na metade do total de casos, verifica-se que o sujeito é infrator, mas se considera que a pena a ser cumprida foi executada com o tempo da prisão preventiva ou medida de mera contenção; no que diz respeito ao ¼ restante dos casos, não se pode verificar a infração e, por conseguinte, o sujeito é liberado sem que lhe seja imposta pena formal alguma. Cabe precisar que existe uma notória resistência dos tribunais em absolver pessoas que permaneceram em prisão preventiva, de modo que nesse ¼ de casos de absolvição a arbitrariedade é evidente e incontestável, pois só se decide favoravelmente ao preso quando o tribunal não encontrou nenhuma possibilidade de condenação. (ZAFFARONI, 2006, p. 71)

A narrativa do autor é um tanto confusa, pois ele repete desnecessariamente algumas frações, razão pela qual os dados serão explicados de uma forma mais simples. O total de presos na América Latina pode ser dividido aproximadamente em quatro: os primeiros estão cumprindo prisão pena; os segundos estão em prisão preventiva, e permanecerão encarcerados após a condenação; os terceiros em prisão preventiva, e após a sentença serão libertos, pois suas penas serão menores do que o tempo que permaneceram encarcerados preventivamente; e os quartos estão em prisão preventiva e serão ao final do processo absolvidos. Além disso, o autor faz duas observações, dos quatro quartos apenas um (o primeiro) cumpre prisão pena (a maioria, 3/4, portanto, está ali cautelarmente); e o número de absolvições deveria ser maior do que apenas um quarto, e não o é por uma tendência dos tribunais de não absolverem quem cumpriu uma prisão preventiva[80].

O referido autor de fato afirma que a divisão dos tipos de presos ocorre nestes marcos de um quarto, vinte e cinco por cento para cada grupo portanto, mas ele não indica as fontes destes números. Em que pese estes dados serem afirmados sem fontes, o raciocínio ainda pode ser desenvolvido com base em conjuntos, independentemente dos percentuais: *as pessoas na América Latina submetidas à pena de cárcere podem ser divididas em quatro conjuntos (independente dos percentuais), os primeiros estão cumprindo prisão pena, os segundos cumprem prisões cautelares e após serem sentenciados permanecerão presos, os terceiros também cumprem prisão cautelar, mas após serem sentenciados serão soltos, e por fim os quartos, que também cumprem prisão cautelar, serão absolvidos.*

A existência do primeiro conjunto está de acordo com qualquer sistema punitivo sendo ele o cumprimento da pena; a existência do segundo conjunto não é propriamente garantista, mas em um sistema que admite a prisão cautelar estará dentro dos ditamente jurídicos; contudo, o terceiro e especialmente o quarto conjunto não podem sequer existir em um sistema punitivo que se diga ao menos influenciado pelo garantismo penal.

Esta incompetência cautelar penal do Estado gera efeitos diversos em cada um dos quatro quartos de presos

---

80 Isso pode ser explicado, mas não justificado, por uma questão de sobrevivência. Caso o Tribunal absolva alguém que permaneceu injustificadamente encarcerado, o ex-detento pode mover uma ação responsabilizando o Estado pelo seu infortúnio. Independente da explicação, contudo, insistir na punição de inocentes é evidentemente um ato completamente contrário a qualquer forma civilizada de punição.

de Zaffaroni. Os primeiros (que cumprem prisão pena) não são afetados, vez que não estão ali por força de uma cautelar. O segundo quarto embora tenham seus direitos violados cautelarmente (o que é passível de uma crítica garantista) em realidade também não sofrem demasiadamente, e o ataque que sua liberdade recebe é um ataque possível dentro de um sistema que admita a prisão cautelar. Os terceiros sofrem um ponto extremamente peculiar, e serão analisados no parágrafo abaixo. E, por fim, o quarto quarto são pessoas que foram presas cautelarmente, e que ao final do processo são absolvidas, neste caso, cabe a máxima *res ipsa loquitur*, esta situação é simplesmente e absolutamente intolerável em qualquer sistema punitivo, salvo os abertamente e desavergonhadamente autoritários[81].

O terceiro quarto é aquele referente aos presos cautelares, que, após o regular trâmite do processo, foram condenados a penas que acabaram já tendo sido cumpridas cautelarmente; neste caso, a detenção à qual o cidadão foi submetido sequer cumpriu sua função histórica. No tópico anterior, há um extrato de Ferrajoli (2011)[82] em que ele traça a origem da pena de cárcere em sua acepção contemporânea aos Monastérios medievais, forma esta de pena que teria sido recomendada pela Igreja Católica em dois decretos papais (de Inocêncio III e Bonifácio VIII), em razão de suas "funções penitenciais e correcionais".

Historicamente o cárcere tem por função a penitência, *i.e.*: depois de formada e apresentada a culpa do réu, este será posto *in clausura*, absolutamente separado

81 Conforme a opção garantista mencionada no tópico anterior (vide nota de rodapé 68) a imunidade dos inocentes deve ser garantida ainda que sob o preço da impunidade de alguns culpados.

82 Vide nota de rodapé 34.

de qualquer forma de distração para que o condenado, catolicamente (ao menos no entender de Inocêncio III e Bonifácio VIII) pensasse no que ele fez e se arrependesse. No caso do primeiro quarto dos presos de Zaffaroni, a pena transcorre exatamente desta forma, e no segundo quarto isto *até* ocorre: após a sentença o condenado permanecerá por mais algum tempo preso já com sua culpa demonstrada em processo. Mas no terceiro quarto há um grave problema.

Para estes, a detenção não tem sequer o caráter de penitência, uma vez que eles não passaram nenhum minuto encarcerados em *cumprimento de pena*. Estes presos não estão ali em razão de um fato muito bem descrito e documentado em um processo, fato este que eles até poderiam negar para si mesmos, mas ainda existiria nos autos. Não, estes cidadãos simplesmente ali estão, encarcerados, sem uma culpa formada, sem um devido processo concluído, ou seja, ainda não há no mundo processual do que se arrepender, e quando houver, quando a sentença for publicada, a punição já terá sido cumprida.

Naturalmente, haverá uma ponderação de que, muito embora enquanto este terceiro quarto de presos estava no cárcere, eles sabiam o que haviam feito independente de o Estado ter demonstrado isto em processo, mas isto foge da seara jurídica e adentra na psicológica. Em uma análise histórico-jurídica, a pena, para este terceiro quarto, não teve sua função penitencial.

Vez que a maior parte dos presos na América Latina estão nesta condição em razão de *cautelares*, Zaffaroni (2006) propõe que se divida o sistema penal em dois: o cautelar, e o de condenação:

> O sistema penal oficial se divide em dois segmentos: um cautelar ou pré-condenatório, e outro definitivo ou de condenação sendo o primeiro muito mais importante que o segundo, posto que a reação penal praticamente se esgota na delinquência leve e média, que é com folga, a mais numerosa. (ZAFFARONI, 2006, p. 110)

Este subsistema penal cautelar por sua vez possui tamanha importância que deve ser regido por nomas próprias, e não por normas anexas às penais:

> (...) a verdade é que o sistema penal cautelar deve ser regulado por normas de fundo e de forma, mas as primeiras, referidas aos critérios de imposição de confinamento cautelar e de outras medidas dessa natureza, são claramente penais; em nada se referem aos passos a serem seguidos para a reconstrução da verdade que leva a sentença. (ZAFFARONI, 2006, p. 111)

E, ainda, o referido autor aponta que na América Latina os índices de encarceramento variam mais em função das alterações no subsistema penal cautelar do que no subsistema penal de condenação:

> Os índices de encarceramento na América Latina não variam muito em função das reformas penais, mas sim da regulamentação do confinamento cautelar, tradicionalmente legislado no código processual. Noutras palavras esses índices dependem do sistema penal cautelar e não do de condenação. (ZAFFARONI, 2006, p.111)

A alteração proposta pela ADPF 347 - a implementação das Audiências de Custódia - altera exatamente neste subsistema: ela cria todo um julgamento para se decidir sobre a cautelar, e isto, conforme o raciocínio filosófico acima, tende a desencarcerar.

2.4 As Prisões Anteriores à Condenação no Brasil, e as Audiências de Custódia

O ordenamento jurídico brasileiro prevê duas formas principais[83] de prisões cautelares (Pacelli, 2015): a temporária, e a preventiva. A prisão temporária foi disposta na Lei nº 7.960, de 21 de dezembro de 1989, que limitou seu cabimento à fase investigativa (portanto não se trata de uma prisão *processual*), por prazo preestabelecido, e adstrita às

83 Távora e Alencar (2011) ainda mencionam outras três situações de prisão no Código de Processo Penal: a prisão decorrente de decisão de pronúncia disposta no artigo 413: "Art. 413. O juiz, fundamentadamente, pronunciará o acusado, se convencido da materialidade do fato e da existência de indícios suficientes de autoria ou de participação. (...) § 3o O juiz decidirá, motivadamente, no caso de manutenção, revogação ou substituição da prisão ou medida restritiva de liberdade anteriormente decretada e, tratando-se de acusado solto, sobre a necessidade da decretação da prisão ou imposição de quaisquer das medidas previstas no Título IX do Livro I deste Código."; a prisão decorrente de sentença penal irrecorrível disposta no artigo 387: "O juiz, ao proferir sentença condenatória: (...) § 1o O juiz decidirá, fundamentadamente, sobre a manutenção ou, se for o caso, a imposição de prisão preventiva ou de outra medida cautelar, sem prejuízo do conhecimento de apelação que vier a ser interposta.", e a prisão domiciliar, disposta nos artigos 317 e 318 do referido Código. Em que pese a existência destes institutos, os dois primeiros são apenas momentos onde se pode decretar a prisão preventiva, e o terceiro é uma forma de cumprimento de execução da prisão preventiva, nos casos especificados em lei, assim, resta claro que estas três outras formas mencionadas são no máximo espécies do gênero "prisão preventiva".

infrações nela elencadas. Ela é decretada pelo Juiz, motivada por representação da autoridade policial ou requerimento do Ministério Público. Já a prisão preventiva foi disposta no Código de Processo Penal, do artigo 311 ao 316, sendo cabível em qualquer fase da investigação e do processo penal (artigo 311), tendo ela a seguinte motivação:

> Art. 312. A prisão preventiva poderá ser decretada como garantia da ordem pública, da ordem econômica, por conveniência da instrução criminal, ou para assegurar a aplicação da lei penal, quando houver prova da existência do crime e indício suficiente de autoria.
>
> Parágrafo único. A prisão preventiva também poderá ser decretada em caso de descumprimento de qualquer das obrigações impostas por força de outras medidas cautelares

Expostas as prisões cautelares, a outra forma possível no ordenamento jurídico brasileiro de violação ao direito de ir e vir de um cidadão, antes de demonstrada a sua culpa, é na hipótese de flagrante.

A prisão em flagrante, disposta no Código de Processo Penal do seu artigo 301 ao 310, é aquela que *pode* ser realizada por "qualquer do povo", e *deverá* ser realizada pelas autoridades policiais, quando alguém for encontrado em flagrante delito. As hipóteses de flagrância são previstas no artigo 302, e os procedimentos burocráticos que dela decorrem são descritos nos artigos seguintes dos quais se destacam: o artigo 304[84], que oportuniza em seu parágrafo

84 "Art. 304. Apresentado o preso à autoridade competente, ouvirá esta o condutor e colherá, desde logo, sua assinatura, entregando a este cópia do termo e

primeiro à autoridade policial recolher o detido à prisão, livrá-lo solto, ou fixar-lhe a fiança; o artigo 306[85], que cobra a comunicação do flagrante ao Juiz, e o artigo 310 que dispõe ao Juiz três alternativas frente à comunicação da prisão:

> Art. 310. Ao receber o auto de prisão em flagrante, o juiz deverá fundamentadamente:
> I - relaxar a prisão ilegal; ou
> II - converter a prisão em flagrante em preventiva, quando presentes os requisitos constantes do art. 312 deste Código, e se revelarem inadequadas ou insuficientes as medidas cautelares diversas da prisão; ou
> III - conceder liberdade provisória, com ou sem fiança.

---

recibo de entrega do preso. Em seguida, procederá à oitiva das testemunhas que o acompanharem e ao interrogatório do acusado sobre a imputação que lhe é feita, colhendo, após cada oitiva suas respectivas assinaturas, lavrando, a autoridade, afinal, o auto. § 1o Resultando das respostas fundada a suspeita contra o conduzido, a autoridade mandará recolhê-lo à prisão, exceto no caso de livrar-se solto ou de prestar fiança, e prosseguirá nos atos do inquérito ou processo, se para isso for competente; se não o for, enviará os autos à autoridade que o seja. § 2o A falta de testemunhas da infração não impedirá o auto de prisão em flagrante; mas, nesse caso, com o condutor, deverão assiná-lo pelo menos duas pessoas que hajam testemunhado a apresentação do preso à autoridade. § 3o Quando o acusado se recusar a assinar, não souber ou não puder fazê-lo, o auto de prisão em flagrante será assinado por duas testemunhas, que tenham ouvido sua leitura na presença deste. § 4o Da lavratura do auto de prisão em flagrante deverá constar a informação sobre a existência de filhos, respectivas idades e se possuem alguma deficiência e o nome e o contato de eventual responsável pelos cuidados dos filhos, indicado pela pessoa presa." (CÓDIGO DE PROCESSO PENAL)

85 "Art. 306. A prisão de qualquer pessoa e o local onde se encontre serão comunicados imediatamente ao juiz competente, ao Ministério Público e à família do preso ou à pessoa por ele indicada. § 1o Em até 24 (vinte e quatro) horas após a realização da prisão, será encaminhado ao juiz competente o auto de prisão em flagrante e, caso o autuado não informe o nome de seu advogado, cópia integral para a Defensoria Pública. § 2o No mesmo prazo, será entregue ao preso, mediante recibo, a nota de culpa, assinada pela autoridade, com o motivo da prisão, o nome do condutor e os das testemunhas." (CÓDIGO DE PROCESSO PENAL).

> Parágrafo único. Se o juiz verificar, pelo auto de prisão em flagrante, que o agente praticou o fato nas condições constantes dos incisos I a III do caput do art. 23 do Decreto-Lei no 2.848, de 7 de dezembro de 1940 – Código Penal, poderá, fundamentadamente, conceder ao acusado liberdade provisória, mediante termo de comparecimento a todos os atos processuais, sob pena de revogação. (CÓDIGO DE PROCESSO PENAL)

Esta estrutura normativa confere à prisão em flagrante uma natureza jurídica particular, complexa, e muito debatida. Távora e Alencar (2011) organizaram a doutrina brasileira, no que concerne a prisão em flagrante em três correntes:

> A doutrina não é uniforme no que toca à natureza jurídica da prisão em flagrante. São basicamente três correntes: (1) Uma que sustenta que a natureza jurídica da prisão em flagrante é a de ato administrativo, tal como o faz Walter Nunes da Silva Júnior, entendendo que "não se mostra coerente dizer que a prisão em flagrante é, ao mesmo tempo, um ato administrativo e medida processual acautelatória"; (2) Outra, capitaneada por Afrânio Silva Jardim, reputa que "a prisão em flagrante, ao lado da preventiva, é uma das espécies de medidas de natureza acautelatória", que reclama pronunciamento judicial acerca de sua manutenção; (3)A última, na esteira de Tourinho Filho – posição a qual nos filiamos – que a considera um ato complexo, com "duas fases bem distintas: a primeira, que diz respeito à prisão-captura, de ordem administrativa, e a segunda, que se estabelece no momento em que se faz a comunicação

> ao juiz, de natureza processual, quando a homologação ou manutenção ou transformação da prisão somente deve ocorrer se presente um dos fundamentos para a decretação da prisão preventiva" (seria assim, ato administrativo na origem, sendo judicializado ao final). Aury Lopes Júnior, em análise similar, chega a conclusão de que num primeiro momento o flagrante è medida **pré-cautelar**, "de natureza pessoal, cuja precariedade vem marcada pela possibilidade de ser adotada por particulares ou autoridade policial, e que somente esta justificada pela brevidade de sua duração e o imperioso dever de análise judicial em até 24 horas onde caberá ao juiz analisar sua legalidade e decidir sobre a manutenção da prisão (...)". (TÁVORA e ALENCAR, 2011, p. 530) negrito no original

Independente da roupagem jurídica preferida, fato é que a prisão em flagrante, na forma do Código de Processo Penal, se inicia com a captura do praticante do delito, e necessariamente se finda após a avaliação realizada pelo Juiz no momento processual do artigo 310. É interessante perceber que ainda que o detido continue tendo sua liberdade de ir e vir restringida após a decisão judicial, esta restrição não ocorrerá mais por uma prisão em flagrante, mas por uma prisão preventiva, decretada por um juiz quando este fez a avaliação de uma prisão em flagrante no momento processual do artigo 310 do Código de Processo Penal.

As Audiências de Custódia alteram justamente este momento processual. Com sua implementação, em vez de o Juiz fazer uma *análise dos autos* da prisão em flagrante (como disposto no artigo 310 no Código de Processo Penal), o detido é trazido à presença do Juiz, para que a análise da prisão seja feita por uma audiência com a participação da Defesa e do ministério público, e não por um estudo documental. O foco deixa de ser na fria verdade formal dos autos, e passa à Verdade real, *pro reo*, no réu, em que um juiz – um garantidor de direitos (Ferrajoli, 2011) – fará uma revisão do ato da prisão, só o convalidando caso esteja em perfeita conformação com o ordenamento.

Quanto aos axiomas do Sistema Garantista descrito no tópico 2.2, com as Audiências de Custódia, a máxima derivada T17, *Nulla poena sine iudicio*, passa a ser respeitada: realiza-se um julgamento antes de se aplicar a prisão, o que parece ser uma estrutura garantista:

> Eu penso que a mesma admissão em razão do princípio do encarceramento *ante iudicium*, qualquer fim que se deseje associar, contradiz na raiz o princípio de jurisdicionalidade: que não consiste no poder ser preso apenas por ordem de um juiz, mas em só poder ser preso com base em um julgamento[86]. (FERRAJOLI, 2011, p. 566)

O extrato acima foi retirado de um segmento em que o autor trata especificamente do princípio da jurisdicionalidade, e mostra tanto a sua preocupação com este princípio, quanto o atendimento a ele, pelo Sistema das Audiências de Custódia. De fato, com as Audiências de Custódia, a violação ao direito de ir e vir de um cidadão ocorrerá apenas após a realização de um julgamento.

---

86 Confrontar com o original: "Io penso (...) che la stessa ammisione in via di principio della carcerazione ante iudicium, qualunque fine le si voglia associare, contraddice alla radice il principio di giurisdizionalità: che non consiste nel poter essere arrestati solo per ordine di un giudice, ma nel poterlo essere solo sulla base di un giudizio."

Apesar disso, a aplicação em si de uma medida cautelar é problemática dentro de um sistema garantista, em razão da máxima derivada T16, *Nulla poena sine culpa*, "não há pena sem culpa", e no caso da aplicação de uma prisão ou medida penal cautelar haverá no mínimo uma limitação a um direito de um cidadão cuja culpa ainda não foi devidamente demonstrada. Em que pese as Audiências de Custódia não serem, em sentido estrito, garantistas, sua implementação *aproxima* o sistema brasileiro do Sistema Garantista, que, como já exposto, é um modelo teórico ideal.

No que se refere ao pragmatismo da medida, a ideia por trás da instituição das Audiências de Custódia é que a análise da prisão em flagrante feita em uma audiência com a presença do detido, terá maior *qualidade* do que a fria análise dos autos da prisão. "Qualidade" é um termo oriundo da administração cujo conceito é: "Conformidade com as exigências, a adequação à finalidade ou uso, capacidade de atender, durante todo o tempo, às necessidades do cliente". (CHIAVENATO, 2014, p. 615)

Sendo o cidadão detido o "cliente" do serviço judiciário, e o Sistema de Análise dos Autos e o Sistema das Audiências de Custódia as duas alternativas atuais de se averiguar a adequação da prisão em flagrante, é perceptível que o Sistema das Audiências de Custódia possui uma maior "adequação à finalidade" do instituto, que é escrutinar o ato da prisão e verificar em absoluto sua necessidade. Naturalmente este escrutínio será melhor feito, mais embasado, estando o detido na presença do Juiz, que o interrogará diretamente, ouvirá a acusação e a defesa, e então decidirá.

CAPÍTULO III

A LÓGICA ECONÔMICA

3.1 Superlotação e Escassez de Vagas Prisionais

Como exposto no Capítulo 2, tanto o Direito Penal quanto o Direito Processual Penal possuem função estruturante em uma sociedade por balizarem os limites da possibilidade de intervenção do Estado na liberdade de seus cidadãos: a punição. Esta é realizada pelo Estado por meio da Execução Penal que deve seguir uma série de disposições legais e constitucionais (além de filosóficas) quanto a sua forma. Ocorre que no caso brasileiro muitas destas disposições não são respeitadas, em razão de dificuldades administrativas.

No que se refere à questão prisional brasileira, a superlotação é apontada como um de seus principais problemas, do qual muitos dos outros derivam, estando este argumento presente na inicial da ADPF 347 e no voto liminar do relator:

> Talvez o mais grave problema do sistema prisional seja a superlotação. A ocupação dos presídios para muito além

> das suas capacidades máximas inviabiliza completamente a garantia das condições mínimas de higiene, saúde, segurança, privacidade e conforto para os presos. (...) Com o deficit prisional ultrapassando a casa das 206 mil vagas, salta aos olhos o problema da superlotação, que pode ser a origem de todos os males. No Relatório Final da Comissão Parlamentar de Inquérito da Câmara dos Deputados, formalizado em 2009, conclui-se que "a superlotação é talvez a mãe de todos os demais problemas do sistema carcerário. Celas superlotadas ocasionam insalubridade, doenças, motins, rebeliões, mortes, degradação da pessoa humana. A CPI encontrou homens amontoados como lixo humano em celas cheias, se revezando para dormir, ou dormindo em cima do vaso sanitário". (SUPREMO TRIBUNAL FEDERAL, ADPF 347, Voto Liminar)

A superlotação prisional pode ser economicamente compreendida como a falta de oferta – ou um excesso de demanda – de um recurso muito peculiar: as vagas prisionais; recurso este que abarca diversos elementos: uma unidade de vaga prisional não é apenas o espaço em cela para os prisioneiros, mas toda a estrutura necessária e suficiente para mantê-los nas condições legalmente[87] e constitucionalmente[88] previstas, assim, ela contém ao menos: espaço em cela, espaço em pátio para banho de sol, alimentação, atendimento médico hospitalar, recursos humanos (juízes,

87 A Lei nº 7.210, de 11 de Julho de 1984 (Lei de Execuções Penais), dispôs em seu artigo 10 que é dever do Estado assistir ao preso, e em seu artigo 11 elencou seis formas de assistência: material, à saúde, jurídica, educacional, social, e religiosa. O conceito de vaga prisional, portanto, abarca estas assistências.

88 Incisos III, LIV, e LXXVIII, do artigo 5º da Constituição de 1988, como exemplos mais diretos.

promotores, analistas, estagiários, agentes penitenciários, pessoal de saúde etc.) suficientes para que as execuções tramitem da forma devida e em prazo razoável.

Sendo a superlotação a insuficiência da estrutura prisional em atender a demanda por vagas prisionais, o problema fundamental deste sistema é em essência uma questão de escassez. E lidar com a escassez – de escoltas policiais, de vagas prisionais, de trigo, ou de absolutamente qualquer outro bem ou recurso – é o *métier* da economia.

O pressuposto fundamental da economia é exatamente a escassez *i.e.* a inexistência de recursos suficientes para satisfazer as infinitas vontades humanas: "escassez significa que a sociedade tem recursos limitados e portanto não pode produzir todos os bens e serviços que as pessoas desejam ter" (Mankiw, 2013, p. 4). Para lidar com este limite de recursos o *homo economicus*[89], busca utilizá-los da forma mais eficiente possível – maximizar sua utilidade – e para isso realiza os *trade off* – escolhas ou sacrifícios – entre as diversas formas de utilização (estratégias) dos seus diversos recursos. Escolher uma estratégia, priorizar um bem, é sacrificar outro, isto é o *trade off.* (Mankiw, 2013)

Apesar de ser *racional,* lidar com as questões de escassez acima apresentadas por meio de uma lógica econômica, assim o fazer não será necessariamente *jurídico,* e é essencial

89 *Homo economicus* é uma ficção econômica, um tipo ideal weberiano de um agente racional que busca a melhor solução econômica possível: "A teoria econômica é povoada por uma espécie de indivíduos às vezes chamada *homo economicus.* Os membros desta espécie são sempre racionais como administradores de empresas, maximizam os lucros, como consumidores, maximizam a utilidade (ou, o que dá no mesmo, o ponto da curva de indiferença mais alta). Dadas as restrições a que estão sujeitos, ponderam racionalmente os custos e os benefícios e sempre escolhem o melhor curso de ação possível." (MANKIW, 2014, p. 453).

que um Estado de Direito (mesmo um não Democrático de Direito) atue nos termos de sua ordem jurídica. Sobre os choques advindos dos diferentes raciocínios jurídico e econômico, é importantíssimo o trabalho de Luhmann (1983), em que ele propõe os três grandes campos da sociedade – jurídico, político, e econômico –, cada qual com o seu raciocínio e linguagem próprios, que por vezes se comunicam, mas em algumas oportunidades competem, tentando um campo *colonizar* o outro.

Em uma tentativa de compatibilizar os campos jurídico e econômico apresentados em nível estratégico por Luhmann (1983), Lopes (2006), em nível operacional, define os tipos-ideais destes dois campos, e o respectivo valor máximo de cada um deles; e conclui com diversos exemplos da racionalidade econômica já presentes no direito brasileiro contemporâneo, mostrando que esta comunicação é possível:

> O tipo ideal da economia é uma racionalidade que explica e interpreta as ações de um ponto de vista econômico (...) do custo e benefício (...) Já para o direito, (...) o ponto de vista jurídico é essencialmente o de cumprir uma regra.[90]" (Lopes, 2006, p. 269)

No que se refere aos valores, Lopes (2006) afirma que a economia se preocupa com o custo benefício[91], e o direito com a legalidade, e é com base nestes valores diversos – não

90 Um *homo juridicus* ou, o Juiz Hércules!

91 A expressão "custo benefício" não é comumente utilizada na Economia, que prefere o termo "eficiência", ou "maximização de resultados", que significa literalmente extrair o máximo de resultado dos mesmos insumos.

necessariamente conflitantes – que os atos dos agentes de cada campo serão analisados por seus pares:

> Ao fazer a comparação do direito com a economia, vemos que os respectivos raciocínios divergem também porque as decisões serão avaliadas (criticadas) diferentemente. Isto porque o sentido que se pode dar como resposta é diferente em cada um dos campos. No campo da economia a crítica e a avaliação podem ser feitas no campo de *eficiência* ou custo. No campo do direito a crítica dá-se pela *legalidade*. Isto quer dizer que a eficiência não pode ser o critério primeiro ou último de uma decisão jurídica, ela não dá *sentido* a uma questão jurídica. (LOPES, 2006, p.271)

Ao final, o texto menciona diversos exemplos de uma comunicação saudável – à revelia das diferenças – entre os dois campos. Ele cita os direitos contemporâneos societário, falimentar, e de família (em questões de definição dos valores dos alimentos e guarda), assim como a legislação antitruste, dentre outros, como exemplos de leis, manifestações jurídicas, que possuem em seus bastidores um claro raciocínio econômico.

Apesar da validade da tentativa de compatibilização acima, ela não é pioneira. De fato, saindo da tradição Europeia Continental e se dirigindo à América do Norte nos deparamos com todo um campo de estudos, já consolidado, dedicado exatamente a conciliar o Direito com a Economia: o *Law & Economics*.

3.2 Law & Economics

Na tradição estadunidense até a década de 1960, as interações entre Direito e Economia ocorriam essencialmente no campo das leis antitruste e excepcionalmente nos Direitos tributário, empresarial, regulador, e na responsabilidade civil[92] (Cooter e Ulen, 2008). A situação veio a mudar após a publicação de dois artigos[93] que marcaram a concepção moderna deste campo de estudos ao proporem a expansão da utilização da lógica econômica para todas as áreas do Direito[94].

Como afirmou Lopes (2006), o raciocínio econômico se estrutura pela lógica do "custo e benefício". Para Posner (1998, p. 3): "... economia é a ciência da escolha racional em um mundo – nosso mundo – onde os recursos são limitados em relação aos desejos humanos"[95], portanto, trata-se de uma ciência manifestamente objetiva, que investiga a aplicação da razão à escassez, de forma não a negá-la, mas aceitá-la e contê-la/minimizá-la.

Posner (1998) organiza três conceitos fundamentais dessa ciência: o primeiro é a Lei da Demanda, que estabelece haver uma relação inversa entre a variação do custo de um recurso e a quantidade demandada; o segundo é o

92 Essencialmente os mesmos citados por Lopes (2006).

93 Calabresi (1979) publicado originariamente em 1961; e Coase (1960).

94 Curiosamente, Posner (1998) afirma na nota de rodapé 2 do seu segundo capítulo que Cesare Beccaria em *Dei delitti e delle pene*, e Jeremy Benthan em *The Principles of Morals and Legislation* utilizaram muito do raciocínio econômico em seus escritos sobre direito penal. Infelizmente, o autor não indicou exatamente onde nestes livros se encontram este raciocínio.

95 Confrontar com o original: "...economics is the science of rational choice in a world – our world – in which resources are limited in relation to human wants" (POSNER, 1998, p. 3).

Teorema de Coase[96], que afirma que uma situação onde os custos de transação[97] são iguais a zero chegará ao equilíbrio independente da norma legal que rege a matéria; e o terceiro é que os recursos tendem a gravitar para o seu equilíbrio mais eficientes se eles estiverem em uma situação de mercado[98].

Sobre o Teorema de Coase, Polinsky (2003, p. 13-15) o explica com o seguinte exemplo:

> Considere uma fábrica cuja fumaça esteja danificando as roupas estendidas no varal de cinco residentes da redondeza. Na ausência de qualquer ação corretiva cada residente sofrerá um dano de $75, totalizando $375. O dano da fumaça pode ser eliminado de duas formas: um filtro pode ser instalado na chaminé da fábrica a um custo de $150 ou cada um dos residentes pode adquirir uma secadora de roupas a um custo de $50 por residente. A solução eficiente é obviamente instalar o filtro porque desta forma os danos de $375 serão evitados a um custo de $150, e é mais barato que comprar cinco secadoras de roupa por $250.
>
> (...)
>
> A pergunta feita por Coase era se o resultado eficiente ocorreria tanto na hipótese de ser concedido aos residentes o direito ao ar limpo, quanto na hipótese de ser con-

96 "Teorema de Coase: a proposição de que, se os agentes econômicos privados puderem negociar sem custo a alocação de recursos, poderão resolver por si sós o problema das externalidades" (MANKIW, 2013, p. 197).

97 "Custos que as partes incorrem no processo de efetivação de uma organização" (MANKIW, 2013, p. 198).

98 Confrontar com o original: "The third basic principle of economics is that resources tend to gravitate toward their most valuable uses if voluntary exchanges – a market – is permitted." (POSNER, 1998, p. 11).

> cedido à fábrica o direito de poluir. Se há um direito ao ar limpo então a fábrica tem três alternativas: poluir e pagar os $375 em danos, instalar o filtro de fumaça em sua chaminé por $150 ou comprar cinco secadoras de roupa para os residentes a um custo de $250. Claramente a fábrica instalaria o filtro em sua chaminé, a solução eficiente. Se há um direito de poluir então os residentes teriam três escolhas: sofre os danos coletivos de $375, comprar cinco secadoras a $250, ou comprar um filtro para a fábrica por $150. Os residentes também comprariam o filtro. Em outras palavras, o resultado eficiente é atingido independente da norma legal que rege a matéria.[99](POLINSKY, 2003, p. 13-15)

O exemplo acima assumiu os custos de transação iguais a zero e a solução eficiente foi atingida nas duas hipóteses, mas em cada uma delas a uma das partes coube o ônus

99 Confrontar com o original: "Consider a factory whose smoke causes damage to the laundry hung outdoors by five nearby residents. In the absence of any corrective action each resident would suffer $75 in damages, a total of $375. The smoke damage can be eliminated in either of two ways: A smokescreen can be installed on the factory's chimney, at a cost of $150, or each resident can be provided an electric dryer, at a cost of $50 per resident. The efficient solution is clearly to install the smokescreen beacuse it eliminates total damages for $375 for an outlay of only $150, and it is cheaper than purchasing five dryers for $250. (...) The question asked by Coase was wether the efficient outcome would result if the right to clean air is assigned to the residents or if the right to pollute is given to the factory. If there is a right to clean air, then the factory has three choices: pollute and pay $375 in damages, install a smokescreen for $150, or purchase five dryers for the residents at a total cost of $250. Clearly, the factory would install the smokescreen, the efficient solution. If there is a right to pollute, then the residents would have three choices: suffer their collective damages of $375, purchase five dryers for $250, or buy a smokescreen for the factory for $150. The residents also would purchase the smokescreen, In other words, the efficient outcome will be achieved regardless of the assignment of the legal right."

de reparar o dano: quando há direito ao ar limpo, o ônus da reparação fica com a fábrica; quando há direito a poluir, cabe aos residentes arcar com os seus danos.

Além dos três conceitos fundamentais expostos, Posner (1998) também busca definir três termos essenciais para a economia: *Valor*, *Utilidade*, e *Eficiência*. O primeiro consiste em quanto um agente está disposto a pagar para ter um bem, ou caso ele já tenha adquirido o bem, por quanto ele estaria disposto a vendê-lo[100]; a *Utilidade* significa em termos gerais o mesmo que felicidade (ou benefício) na concepção da filosofia utilitarista[101]; e a *Eficiência* é a forma de alocação dos recursos de modo a maximizar o valor obtido/gerado. E sobre este último termo, o autor faz um adendo explicando dois modelos de eficiência: a *Eficiência de Pareto*, e a *Eficiência de Kaldor-Hicks*.

Uma situação será Pareto Eficiente (ou estará em um Ótimo de Pareto) quando não houver forma de algum dos envolvidos aumentar sua utilidade, sem diminuir a utilidade de outros envolvidos; uma Melhora de Pareto é uma realocação de recursos na qual ao menos um dos envolvidos aumenta a sua utilidade, e nenhum dos outros envolvidos tem uma diminuição nas suas (Posner, 1998).

Apesar da importância da Eficiência de Pareto, ela é extremamente rara no mundo sensível, daí a criação do segundo modelo, a Eficiência de Kaldor-Hicks, em que

---

100 Confrontar com o original: "The economic value of something is how much someone is willing to pay for it or, if he has it already, how much money he demands for parting with it". (POSNER, 1998, p. 12)

101 Na obra em inglês é mencionado um segundo significado de "utility" que seria a "expected utility", que traduz para "ganho esperado".

se permite que algum dos envolvidos tenha um prejuízo, desde que este possa ser ressarcido pelos beneficiados.

> As condições para a Eficiência de Pareto quase nunca são satisfeitas no mundo real, contudo os economistas ainda falam muito em eficiência; logo, a definição operacional de eficiência não pode ser a de Pareto. Quando um economista fala que o livre mercado, ou competição, ou o controle da poluição, ou outra política pública, ou situação do mundo é eficiente, de cada dez vezes que ele fala isso nove ele está se referindo à Eficiência de Kaldor-Hicks.[102] (POSNER, 1998, p. 14-15)

A Eficiência de Kaldor-Hicks é um desenvolvimento da de Pareto, sendo "inclusive chamado de Potencial Eficiência de Pareto: os vencedores poderiam compensar os perdedores ainda que esta compensação não ocorra de fato"[103] (Posner, 1998, p.14).

Em uma adaptação do exemplo de Polinsky (2003) em que a fábrica poluidora estaria em vias de ser construída: caso fosse já construída com o filtro de chaminé estaríamos em uma Melhora de Pareto, pois houve um acréscimo na utilidade dos donos da fábrica e não houve prejuízo aos moradores locais (a construção pró-ativa do filtro impediu

---

102 Confrontar com o original: "The conditions for Pareto Superiority are almost never satisfied in the real world, yet economists talk quite a bit about efficiency; the operating definition of efficiency in economics must not be Pareto Superiority. When an economist says that free trade or competition or the control of pollution or some other policy or state of the world is efficient, nine times out of ten, he means Kaldor-Hicks efficient."

103 Confrontar com o original: "The Kaldor-Hicks concept is also and suggestively called Potential Pareto Superiority: The winners could compensate the losers, wether or not they do".

que a poluição sequer surgisse); caso o filtro custasse $300 a alternativa mais eficiente seria a compra das secadoras de roupa (por $250), vez que esta é uma reparação ao dano da poluição (*i.e.* uma compensação ao prejuízo gerado aos moradores pela construção da fábrica) esta situação seria uma Eficiência de Kaldor-Hicks.

Os três fundamentos e os três termos explicados acima mostram o que Posner (1998) considera o ferramental econômico mínimo para a *economic analysis of Law,* expressão que é também o título de seu livro, que busca lecionar a análise do Direito à luz da Economia. Polinsky (2003), alternativamente, já em seu capítulo segundo (o primeiro capítulo é a introdução de sua obra) também trata da eficiência, e imediatamente a distingue da equidade, *i.e.*, já no início de sua obra seu primeiro foco é no "&" de *Law & Economics,* e ele o faz de forma extremamente didática para os não versados na ciência da alocação de recursos:

> Para os propósitos deste livro o termo *eficiência* se refere à relação entre os benefícios agregados e custos agregados de uma mesma situação; o termo *equidade* se referirá à distribuição de renda entre indivíduos Em outras palavras eficiência corresponde ao "tamanho da torta", enquanto a equidade esta relacionada em como ela está partida. Economistas tradicionalmente concentram em como maximizar o tamanho da torta, deixando para outros – como os legisladores – a decisão sobre como dividi-la. A atratividade de eficiência como um objetivo é que, sob algumas circunstâncias descritas abaixo, todos acabam em uma

> situação melhor quando a sociedade esta organizada em uma forma eficiente.[104](POLINSKY, 2003, p.7)

Sobre a importância da eficiência, Posner (1998) escreve a seguinte baliza:

> Embora não será feito neste livro qualquer esforço para defender a eficiência como o único critério a ser considerado nas decisões sociais, este livro de fato assume, e a maior parte das pessoas provavelmente concordariam, que é um critério importante. Em muitas áreas de interesse do analista econômico do direito, a eficiência é, e nós iremos ver, a principal grandeza que estudantes de políticas públicas devem, e de fato se preocuparem.[105](POSNER, 1998, p. 13)

Apesar de toda a importância do conceito de eficiência para a Economia, como evidenciado por Posner (1998), Polinsky (2003), e também por Lopes (2006), embora este tenha se referido a "custo e benefício"; e desta bela ponte que tem sido construída entre o Direito e a Economia, é comum que juristas titubeiem em usar esta

104 Confrontar com o original: "For purposes of this book, the term efficiency will refer to the relationship between the aggregate benefits of a situation and the aggregate costs of the situation; the term equity will refer to the distribution of income among individuals. In other words, efficiency corresponds to "the size of the pie", while equity has to do with how it is sliced. Economists traditionally concentrate on how to maximize the size of the pie, leaving to others – such as legislators – the decision how to divide it. The attractiveness of efficiency as a goal is that, under some circumstances described below, everyone can be made better off if society is organized in an efficient manner."

105 Confrontar com o original: "Although no effort will be made in this book to defend efficiency as the only worthwhile criterion of social choice, the book does assume, and most people would probably agree, that it is an important criterion. In many areas of interest to the economic analyst of law, it is, as we shall see, the main thing that students of public policy do or should worry about."

palavra em uma publicação em Direito. A título de exemplo, Amaral e Bonato (2016) ao utilizar a palavra "eficiência" correm para defini-la em uma nota de rodapé, mas o fazem não nos termos da Economia, mas nos termos do Direito Administrativo:

> As pesquisas em assuntos penitenciários permitem diferentes abordagens de estudo e proporcionam inúmeras experiências que, por revelarem as distorções presentes na dinâmica prisional, possibilitam melhorias na gestão pública dos cárceres que, em geral, visam a humanização da pena privativa de liberdade de modo a torná-la eficiente (1) e assim, não dessocializadora. (2)
> (...)
> (1) O termo eficiência é empregado neste estudo com a mesma conotação do direito administrativo: alcance dos resultados, dentro dos padrões de desempenho estabelecidos, com o menor custo ao erário. (AMARAL e BONATO, 2016, p. 1)

A definição em si está suficiente para a finalidade do artigo, mas esta definição oriunda do Direito Administrativo é por seu turno oriunda da Economia, então, por que não foram os autores diretamente beber à fonte primeira: a Economia? É curioso como os pesquisadores do Direito se mostram dispostos e por vezes ansiosos em utilizar elaborações com fundamentos históricos, filosóficos, e sociológicos, mas tratem outra robusta área do conhecimento como tabu. Posner (1998) em seu terceiro capítulo já alerta sobre o antagonismo que a análise econômica do Direito recebe na academia jurídica e estrutura seus críticos em cinco grupos.

De início, existe a crítica geral à economia de que ela é reducionista (por atribuir a tudo um valor monetário[106]), sendo portanto a análise econômica do Direito também reducionista. Um segundo ponto é a dificuldade interpretativa da Economia: esta ciência possui uma sólida base matemática e nos cursos de Direito não há sequer uma disciplina matemática, ou seja, os juristas (em regra) simplesmente não falam matemática, a língua da economia.

Outras duas críticas focam nas conclusões econômicas, de que elas seriam repulsivas, e conservadoras. Sobre o primeiro ponto, "a análise econômica do Direito não deve ser renunciada apenas porque o leitor não se convenceu pelas suas versões [exemplos] mais agressivas"[107] (Posner 1998, p. 29); e quanto às conclusões conservadoras, o autor aponta que o campo de estudos também chegou a conclusões liberais, como por exemplo os benefícios da regulamentação do comércio de sexo.

A última crítica seria que esta nova doutrina ignoraria o conceito de Justiça. Caso Justiça seja compreendida como equidade, de fato, como já indicou Polinsky (2003) acima transcrito, os economistas têm pouco a dizer sobre como a torta deve ser fatiada. Mas há uma faceta da Justiça que é o horror ao desperdício, afinal, "não é destoante que em um mundo onde os recursos são escassos o desperdício seja

---

106 Esta característica da economia também foi apontada por Polinsky (2003) e será tratada no tópico 3.4.

107 Confrontar com o original: "... one should not reject economic analysis of law merely because one is not convinced by its most agressive version of that analysis".

considerado imoral"[108] (Posner, 1998, p. 30), e esta proibição ao desperdício não é outra coisa, se não *eficiência*.

Ocorre, e este é o princípio fundamental do movimento *Law & Economics*, que o conceito de Justiça é muito mais que eficiência:

> Mas há mais nas noções de justiça do que eficiência. Não é obviamente ineficiente permitir pactos de suicídio, permitir discriminação privada por motivos raciais, religiosos, ou sexuais (...). Contudo, todas estas coisas ofendem o senso de justiça dos Americanos modernos, e todas são de forma mais ou menos intensa (normalmente mais) consideradas ilegais. Um esforço será feito neste livro para explicar algumas destas proibições em termos econômicos, mas a maior parte não poderá ser explicada unicamente com a economia; há mais na justiça do que simplesmente economia, um ponto que o leitor deverá manter em mente...[109] (POSNER, 1998, p. 30-31)

Todas as críticas ao movimento elencadas acima resultam em uma postura aversiva por parte da academia jurídica em face à econômica, tratada pela primeira como uma caixa de Pandora, que se aberta libertaria todos os

---

108 Confrontar com o original: "... it will come as no surprise that in a world of scarce resources waste should be regarded as immoral."

109 Confrontar com o original: "But there is more to notions of justice than a concern with efficiency. It is not obviously innefient to allow suicide pacts; to allow private discrimination on racial, religious, or sexual grounds (...). Yet all these things offend the sense of justice of modern Americans, and all are to a greater or lesser (usually greater) extent illegal. An effort will be made in this book to explain some of these prohibitions in economic terms, but most cannot be; there is more to justice than economics, a point the reader should keep in mind..."

males do pragmatismo que não se furtaria a subverter à douta ordem jurídica, contabilizando o incontabilizável e casualmente ignorando direitos fundamentais e princípios constitucionais. Por óbvio, tamanha aversão é não só alarmista, mas excessiva.

Estas críticas podem ser respondidas da mesma forma, tomando por base a posição acadêmica assumida e declarada por todos os autores do movimento acadêmico citados: a análise econômica do Direito não é a subjugação do Direito à Economia, mas a consideração do raciocínio econômico no Direito, da mesma forma que se considera o raciocínio histórico, o filosófico, o sociológico, também será de grande valia considerar o econômico.

3.3 Análise Econômica das Audiências de Custódia

Os aspectos penais (referentes ao "*Law*" de *Law & Economics*) da Audiência de Custódia foram expostos no Capítulo 2 desta dissertação. A Audiência de Custódia é um aprimoramento da exigência do momento processual já existente no artigo 310 do Código de Processo Penal (que orienta o juiz a analisar os autos da prisão); com as Audiências de Custódia deverá o juiz realizar uma Audiência para analisar cada prisão. Vez que nesta audiência o juiz terá um contato direto com o preso, se espera que haverá uma maior desencarceração neste sistema do que no sistema anterior, o que gerará uma diminuição na demanda por vagas prisionais (a superlotação) absurdamente custosas aos dinheiros públicos.

Na linguagem da economia, a implementação do Sistema das Audiências de Custódia, portanto, seria uma proposta de *trade off* (uma troca ou substituição do Sistema de Análise dos Autos), em que se espera uma melhora de Pareto (uma maximização da utilidade) por força do aumento do desencarceramento.

É importante esclarecer que os custos totais do encarceramento são muito maiores do que o senso comum sugere. Para início da análise, devemos nos recordar que como ressaltado no início deste capítulo, a vaga prisional por si só já é muito mais cara do que mero espaço de cela; ela inclui toda a estrutura necessária para a execução da pena ocorrer nos termos estabelecidos pela Lei de Execução Penal, com todas as assistências nela dispostas.

Os custos acima se referem ao custo da vaga prisional em si, ou, o custo contábil de uma unidade de encarceramento, mas existe também o custo de oportunidade[110] do encarceramento: a utilidade que seria gerada pelo detido caso ele estivesse em liberdade. Os custos totais incluem não só os gastos para se encarcerar (construção, manutenção e operação das prisões e dos juízos de execução), mas também o que se deixou de produzir por força da detenção:

> ***2. Os custos sociais do aprisionamento*** Os custos sociais do aprisionamento incluem os custos diretos de construção, manutenção, e contratação de funcionários para prisões e o custo de oportunidade da perda de produtividade dos prisioneiros. Quanto aos custos diretos, as estimativas mais recentes são de que custa 40.000 dólares por ano para

110 "**Custo de Oportunidade** aquilo que devemos abrir mão para obter algum item" (MANKIW, 2013, P. 794).

> manter cada prisioneiro em uma prisão de segurança máxima nos Estados Unidos. (COOTER e ULEN, 2010, p. 513) negrito e itálico no original.

Posner explica exatamente quais são estes custos de oportunidade, e ressalta que o encarceramento de um cidadão prejudica a economia, afetando negativamente seu Produto Interno Bruto[111], que não contará mais com a capacidade produtiva do encarcerado, e que mesmo após seu retorno ao convívio social ainda assim sua capacidade produtiva não será plena:

> Existem os custos de construir, manter, e operar as prisões (...), a perda da atividade laborativa legal do encarcerado (se existente) durante o período no qual ele se encontra na prisão, a desutilidade da prisão para ele (...), e o prejuízo na sua produtividade em atividades legítimas, após sua soltura. O prejuízo aqui relevante não é aquele causado pelo estigma da condenação, pois este independe da forma de punição [se prisão ou se multa] (mas não de sua severidade); mas aquele que decorre da depreciação das habilidades, perdas de contatos, etc. durante o período da prisão - em resumo a depreciação do capital humano do condenado. (...) Mas o encarceramento oferece um importante benefício que a multa não oferece: ele impede que o encarcerado cometa outros crimes (ao menos fora da prisão!) por tanto tempo quanto ele estiver na prisão. (POSNER, 1998, p. 246-247)[112]

---

111 "**produto interno bruto (PIB)** o valor de mercado de todos os bens e serviços finais produzidos em um país, em um dado período de tempo" (MANKIW, 2013, p. 798) negrito no original.

112 Confrontar com o original: "There is the expense of constructing, maintaining, and operating prisons (...), the loss of the incarcerated individual's law-

Os altíssimos custos totais do encarceramento são o principal argumento econômico em evitar a utilização desta modalidade de pena, tanto que todos os autores de referência de *Law & Economics* utilizados nesta dissertação defendem a utilização da pena de multa como a principal sanção criminal, ainda que admitam excepcionalmente a pena de prisão: "O aprisionamento de mais pessoas por períodos mais longos pode não ser a maneira mais eficiente de reduzir a criminalidade. As multas são uma das principais alternativas ao aprisionamento" (Cooter e Ulen, 2010, p. 516); Posner (1998, p. 246): "Do ponto de vista econômico, o uso de multas deve ser encorajado. Não só o encarceramento não gera receita ao Estado, como fazem as multas, mas os custos sociais de encarceramento superam os de coletar multas dos acusados solventes."[113], e Polinsky (2003):

> (...) penas de prisão não devem ser utilizadas sem primeiro ser exaurido o uso de sanções monetárias. A razão é simples: multas são uma forma de pena mais barata do que o encarceramento. Multas são essencialmente transferências de dinheiro do ofensor para o governo, já

---

ful production (if any) during the period while he is in prison, the disutility of imprisonment to him (...), and the impairmentof his productivity in legitimate activities after release. The impairment relevant here is not that caused by the stigma of conviction, for that is independent of the specific form of the punishment (thought not of its severity); it is that caused by the depreciation of skills, loss of contacts, etc. during the period of imprisonment – the depreciation, in short of the convict's human capital. (...). But imprisonmnet yelds one important beneficit that a fine does not: it prevents the criminal from committing crimes (at least outside of prison!) for as much as he is in prison."

113 Confrontar com o original: "From an economic standpoint, the use of fines should be encouraged. Not only does imprisonment generate no revenue for the state, as fines do, but the social costs of imprisonment exceed those of collecting fines from solvent defendants."

> o encarceramento demandam do governo que este gaste dinheiro para construir e manter as cadeias (além da perda da produtividade do ofensor). Consequentemente, penas de cárcere não devem ser utilizadas a não ser que o ofensor já tenha sido multado no maior gradiente possível. (POLINSKY, 2003, p. 100-101)[114]

Ao tratar do encarceramento, os autores acima não diferenciaram a prisão pena, da prisão processual, ponto fundamental da realidade brasileira, conforme já exposto no tópico 2.3 do Capítulo 2. Mas se estes argumentos econômicos já são fortes contra a prisão pena, eles serão ainda mais fortes, por óbvio, nas prisões processuais como a prisão preventiva e a prisão em flagrante, em que ainda não há a demonstração de culpa por parte do réu.

Aplicando o raciocínio econômico ao Direito, tem-se que as prisões devem ser utilizadas apenas quando outra forma de sanção já tenha se exaurido. No caso das prisões pena, a pena de multa; no caso das prisões cautelares, as medidas cautelares diversas da prisão.

Como já exposto, as Audiências de Custódia buscam aumentar a qualidade da análise que era feita no momento do artigo 310 do Código de Processo Penal, mudando a forma desta análise, de um estudo dos autos para uma Audiência, na qual se escrutinará o auto de prisão de forma a

114 Confrontar com o original: "(...) imprisonment sentences should not be employed without first exhausting the use of monetary sanctions. The reason is simple: fines are a less expensive sanction for society to impose than are imprisioment sentences. Fines are essentially transfers of money from the offender to the government, whereas imprisonment sentences require the government to spend money to build and maintain jails (plus the offender's productivity is lost). Consequently, imprisonment sanctions should not be relied upon unless the offender also is fined to the maximum extent feasible"

só convalidá-la na hipótese em que não houver outra alternativa, o que gerará uma tendência de desencarceramento; e que, ao menos em termos gerais, todos os autores citados cobram que, antes de se utilizar a prisão, as possibilidades não prisionais devem ser exauridas; conclui-se que as Audiências de Custódia, ao menos no mundo das ideias, fazem sentido econômico. Resta saber, contudo, se sua implementação é de fato eficaz[115], e, sendo ela eficaz, se de fato será um investimento viável.

3.4 A Conclusão de Polinsky (2003)

No penúltimo capítulo de sua obra, Polinsky (2003) faz um resumo do *Law & Economics* que consiste em um sistema de três perguntas, que segundo ele devem ser consideradas em uma Análise Econômica do Direito; no último capítulo, o autor expõe o que chama de "O Problema da Valoração", que concerne a tendência da economia de atribuir valores monetários para bens, situações, e preferências subjetivas, literalmente incontáveis.

As três perguntas apontadas por Polinsky (2003) são as seguintes:

115 O conceito de eficácia é diferente do conceito de eficiência. "Eficácia: Atingir objetivos e resultados. O trabalho eficaz é aquele que resulta proveitoso e bem sucedido. Grau de alcance de objetivos organizacionais por parte de uma pessoa." (CHIAVENATO, 2014, p. 602); "Eficiência: Fazer bem e corretamente as coisas. O trabalho eficiente é aquele bem executado. Grau de alcance de objetivos individuais por parte de uma pessoa. Relação entre os recursos aplicados e o produto final obtido, isto é uma razão entre esforço e resultado, entre custo e benefício (CHIAVENATO, 2014, p. 602)". Na afirmação do texto, resta saber se a implementação das Audiências de Custódia de fato atingirá seu objetivo.

> *A pergunta referente a eficiência e equidade:* Deve a eficiência ser utilizada como o único critério para se avaliar normas legais, ou deve a equidade também ser considerada?
> *A pergunta do incentivo:* A norma legal aplicada cria incentivos para que os indivíduos e firmas se comportem de forma eficiente?
> *A pergunta da alocação de riscos:* A norma legal aloca os riscos de forma eficiente dentre os indivíduos ou firmas envolvidos?[116] (POLINSKY, 2003, p. 158) Itálico no original.

A primeira pergunta é respondida pelo autor com o argumento chave do Direito e Economia, do qual Posner (1998) e Cooter e Ulen (2010) se mostraram de acordo: que a eficiência pode não ser determinante nas decisões legais, mas é importante e deve ser sempre considerada. No caso das Audiências de Custódia, o argumento da eficiência esteve presente desde a petição Inicial na ADPF 347 e no voto liminar, assim como nas diversas implementações no Brasil (CNJ e TJDFT, estando o segundo no Anexo-I).

Dada a importância da eficiência, para estar de acordo com os preceitos do Direito e Economia, é indispensável que a resposta à segunda pergunta seja "sim". No caso das Audiências de Custódia, os "indivíduos ou firmas" envolvidos são: mediatamente os atores processuais, o Juiz, o Promotor, e o Advogado; e imediatamente a autoridade policial que realiza a detenção. No caso dos primeiros, embora não

---

116 Confrontar com o original: "*The efficiency-equity question*: Should efficiency be the sole criterion used to evaluate legal rules, or should equity be taken into account as well? *The incentive question*: Does the legal rule create incentives for the relevant individuals or firms to behave efficiently? *The risk-allocation question*: Does the legal rule efficiently allocate risk among the relevant individuals or firms?"

haja um incentivo direto para que estes se comportem de forma eficiente, há o benefício indireto de que, caso eles assim se comportem, haverá uma tendência de desoneração do sistema prisional, que tornará o trabalho jurídico criminal de todos eles mais são.

Há, contudo, um incentivo direto à autoridade policial de se comportar eficientemente: se todas as prisões em flagrante forem mantidas pela autoridade policial, todos esses casos deverão ser levados à presença de um juiz. Alternativamente, caso a autoridade policial utilize ao máximo dos mecanismos desencarceradores que a ela estão disponíveis (as dispostas no parágrafo 1º do artigo 304 do Código de Processo Penal: livrar o detido solto, ou fixar fiança[117]) só mantendo a prisão e levando à presença do juiz os casos estritamente necessários – *i.e.* se comportando de forma eficiente – dentre os inúmeros beneficiados desta ação (detido que foi solto, sistema prisional que se desonerou, atores processuais que tiveram uma Audiência de Custódia a menos para fazer) estará também a autoridade policial, que terá uma pessoa a menos a transportar para a presença do juiz.

A terceira pergunta que trata sobre a alocação de risco não se aplica na presente análise, pois nela o risco será assumido pelo detido e não pelos atores processuais, não havendo forma de se realocar o risco a eles. Há meios de estimular os atores processuais a se comportarem de forma eficiente, como exposto no parágrafo anterior, mas não de atribuir-lhes risco.

Por fim, Polinsky (2003) aborda o Problema da Valoração, que ele define como a maior dificuldade prática de se

---

117 No ordenamento jurídico pátrio há poucas ferramentas diferentes da prisão disponíveis ao Delegado de Polícia. O Capítulo 4 analisará esta questão.

aplicar a análise econômica ao estudo do Direito: atribuir valores monetários aos custos e benefícios relevantes.

O autor afirma que em algumas situações esta valoração não é apenas fácil, mas também evidente: na hipótese onde o objeto da discussão é um bem fungível e disponível no mercado, o seu *valor* será simplesmente o preço do bem; mas a valoração já se torna difícil quando se trata de um bem não fungível, e ainda mais complexa quando ela trata de questões referentes à vida ou à integridade física:

> Um indivíduo presumidamente daria toda a sua riqueza para evitar a *certeza* de ser morto e não aceitaria qualquer quantidade de dinheiro para se voluntariar a morrer. O mesmo se aplica a integridade física. Logo, pode parecer que a análise econômica não pode lidar com situações que envolvam ofensa a vida ou a integridade física.[118] (POLINSKY, 2003, p. 165) Itálico nosso.

Embora de fato tanto a vida quanto a integridade física *a priori* não possam ser monetariamente valoradas, o risco de morte, e o risco à integridade física podem:

> Contudo, o fato de que indivíduos não iriam voluntariamente sacrificar sua vida ou integridade física por qualquer quantidade de dinheiro não é relevante para situações em que a vida ou a integridade física estejam em risco. A pergunta relevante é "quanto você estaria

118 Confrontar com o original: "An individual presumably would give up all of his wealth to avoid the certainty of being killed and would not accept any amount of money to volunteer to be killed. The same may be true with respect to the loss of limbs. Thus, it might seem that economic analysis cannot deal with situations in which life or limb is involved".

> disposto para reduzir a *probabilidade* de ofensa a sua integridade física?" ou "quanto você precisa ser pago para aceitar um aumento na probabilidade de ofensa a sua integridade física?" Estas são perguntas que indivíduos implicitamente respondem todos os dias.[119] (POLINSKY, 2003, p. 165) Itálico no original.

Como o autor afirma, a análise econômica de fato nada tem a dizer frente à *certeza* de ofensa à vida ou à integridade física, mas dita análise é fundamental para operar as probabilidades destas ofensas. Esta percepção é importante para o tópico seguinte, que considera as diferenças na probabilidade de soltura do modelo das Audiências de Custódia e do modelo anterior disposto no artigo 310 do Código de Processo Penal.

3.5 Modelagem Comparativa entre o Sistema das Audiências de Custódia e seu Antecessor, e Análise

Os tópicos anteriores deste capítulo expuseram a contemporânea comunicação entre o Direito e a Economia, apresentando o ferramental considerado básico pelos marcos teóricos e as grandezas normalmente ignoradas pelo primeiro – mas indispensáveis à segunda – e aplicar estas

---

119 Confrontar com o original: "However, the fact that individuals would not voluntarily sacrifice life or limb for any amount of money is not directly relevant to situations in which life or limb is at risk. The relevant question then is "how much would you be willing to pay to reduce the probability of bodily harm?" or "How much would you have to be paid to accept an increase in the probability of bodily harm?" These are questions that individuals implicitly answer every day."

ideias à problemática das Audiências de Custódia. Neste último tópico, será proposto o Modelo[120] Comparativo entre o Sistema das Audiências de Custódia e seu antecessor, considerando a probabilidade de soltura, da diferença entre o custo da análise por meio das Audiências de Custódia e o custo da análise dos autos (artigo 310 do CPP). Para facilitar a ambientação dos leitores neste tópico, os *termos* desse Modelo foram organizados em um quadro no anexo II ao final deste estudo.

A diferença[121] de custo entre os dois Sistemas de Análise da Prisão (Δsap) é a diferença entre o custo do Sistema das Audiências de Custódia (Sac) e o custo do Sistema da Análise dos Autos (Saa). Assumindo tudo constante, o sistema de menor custo será Pareto Eficiente, pois obterá a mesma utilidade[122] com menos recursos.

$$\Delta sap = Sac - Saa$$

Ambos os sistemas de análise possuem dois possíveis Resultados: a soltura (Racs e Raas) ou a não soltura (Racns e Raans), mas tanto dentro de cada sistema, quanto entre eles, estes Resultados não possuem a mesma incidência. Salvo uma hipótese muito específica, as prisões analisadas

120 Nele, não esta incluído o custo de oportunidade nem o valor do dinheiro no tempo.

121 Por vantagens didáticas, decidimos apresentar este raciocínio a partir da diferença (operação de subtração) entre os dois Sistemas. Uma outra forma de compará-los seria avaliar a razão (operação de divisão) entre ambos.

122 Neste caso, a utilidade é o atendimento à instrução legal, ocorre que cada sistema de análise da prisão atende aos seus requisitos legais, mas não aos requisitos do outro sistema (no Sistema da Audiência de Custódia, a análise dos autos é insuficiente), e o argumento pela utilização do Sistema das Audiências de Custódia é que ele teria inerentemente uma utilidade maior que sua alternativa.

não são metade mantidas e metade relaxadas, e uma das premissas da realização da Audiência de Custódia é justamente que o percentual de desencarceramento será maior se, em vez de analisar apenas os autos, o juiz realizar uma audiência. Assim, há uma diferença entre os percentuais dos Resultados de soltura e os Resultados de não soltura em ambos os Sistemas.

A probabilidade de soltura no Sac está representada na equação abaixo pela letra p, como a probabilidade de soltura somada com a probabilidade de não soltura tem de resultar em cem por cento[123], a probabilidade de não soltura é $(1\text{-}p)$, $p+(1-p)=1+p-p=1=100/100$. O termo p' é a probabilidade de soltura no Sistema de análise dos autos.

$$\Delta sap = [Racs \cdot (p) + Racns \cdot (1-p)] - [Raas \cdot (p') + Raans \cdot (1-p')]$$

Em ambos os Sistemas, no Resultado da soltura (Racs e Raas), gasta-se apenas o Custo da respectiva análise (Cac para Audiência de Custódia, e Caa para Análise dos Autos). Já na hipótese de não soltura, gastasse, além do Custo da análise (Cac e Caa), também o Custo do Encarceramento (Ce, que é o mesmo para ambos os Sistemas):

$$\Delta sap = [Cac \cdot p + (Cac + Ce) \cdot (1-p)] - [Caa \cdot (p') + (Caa+Ce) \cdot (1-p')]$$

A equação acima é o mais específico nesta análise que este trabalho chegará. Agora, passaremos a analisar como seus termos se relacionam. É importante, contudo, antes ressaltar que todos os Custos nela constantes podem ser ainda

123 Cem por cento é o total de casos, e todos os casos possuem apenas duas soluções possíveis: prisão ou não-prisão.

mais esmiuçados em componentes, por exemplo: o Custo de uma audiência de custódia (Cac) é a soma das horas juiz, horas promotor, horas advogado, horas serventuário, horas escolta, estrutura para audiência (ocupação do espaço físico), estrutura para o deslocamento do preso (automóvel, gasolina, e equipamento da escolta) etc. Da mesma forma, como já exposto o Custo do encarceramento (Ce) é por si só uma equação muito mais complexa do que o simples termo acima, incluindo todas as assistências previstas na Lei nº 7.210, de 11 de Julho de 1984 (Lei de Execuções Penais) etc.

Como o Custo da Audiência de Custódia (Cac) é evidentemente mais alto do que o Custo da Análise dos Autos (Caa), e o Custo de Encarceramento é o mesmo para ambos os Sistemas, a única possibilidade de o Sistema das Audiências de Custódia ser mais barato que o Sistema de Análise dos Autos, será se p for suficientemente maior que p'.

Existem três formas de resultados possíveis para esta equação: a diferença entre os sistemas de análise de prisão (Δsap) poderá ser negativa, igual a zero, ou positiva[124].

Se Δsap for negativo, então os custos do Sistema de Análise dos Autos (Saa) são maiores que os custos do Sistema de Audiência de Custódia (Sac), *i.e.* neste caso as Audiências de Custódia fazem pleno sentido econômico, pois geram economia de recursos.

Se Δsap for zero, economicamente os Sistemas seriam indiferentes.

124 Caso tivéssemos utilizado a proporção entre os dois sistemas em vez da diferença, conforme arguido na nota de rodapé 121 também existiriam três possíveis formas de resultado da proporção: 1 (se os sistemas fossem iguais); maior que 1; ou menor que 1, e a análise seria equivalente a esta com base na diferença entre os dois sistemas.

Se Δsap for positivo, então os custos do Sistema de Audiência de Custódia (Sac) são maiores que os custos do Sistema de Análise dos Autos (Saa). Neste caso, as Audiências de Custódia iriam de encontro ao objetivo econômico de maximização de recursos.

Um leitor incauto poderia achar que o resultado positivo do Δsap já seria motivo suficiente para a não implementação do Sistema das Audiências de Custódia. A decisão pela não implementação consideraria apenas o argumento econômico, e não o jurídico, e como já enfadonhamente colocado, o foco do campo do *Law & Economics* é no "&".

Vez que este campo de estudos não é a submissão de um de seus componentes pelo outro (seja o Direito pela Economia, ou o inverso), mas a harmonização de ambos, é justamente em situações conflitantes como a colocada acima que surge a oportunidade para o Direito e Economia se desenvolver: o *homo economicus* movido por um ideal de eficiência conclui por não adotar o Sistema das Audiências de Custódia, e o *homo iuridicus,* eterno defensor da legalidade conclui por adotar tal Sistema. E agora?

Antes de tentar harmonizar as posições diretamente conflitantes, é de bom tom ter plena compreensão do que está acontecendo na equação, neste caso, vale retornar as outras hipóteses da análise.

Quando Δsap for negativo, a análise econômica prefere o Sistema das Audiências de Custódia por ser mais barato que sua alternativa; e a análise jurídica cobra a utilização do sistema por ser ele o que esta disposto no ordenamento; então, ambos estão de acordo não havendo conflito/questão a ser tratada. Da mesma forma, não há qualquer enfrentamento entre o economista e o jurista, quando o Δsap for zero, neste caso, para o primeiro os dois sistemas são iguais, sendo a escolha dentre eles economicamente *indiferente*, não importando ao economista qual dos dois sistemas será utilizado.

Nestas duas situações, não há divergência na posição dos componentes da análise: na primeira eles estão de acordo, e, na segunda, um deles está indiferente à questão, em ambos os casos não há o que harmonizar. Alternativamente, quando o Δsap é positivo, as posições fundamentadas e racionais são diretamente opostas, isto é um paradoxo: racionalmente se chega a posições não só divergentes mas em choque direto, e, como colocado por Teubner (2003/04), não se pode solucionar paradoxos, apenas lidar com eles, e é nesta aceitação que surge a grande oportunidade de se utilizar o Direito e Economia, quando é necessário aceitar posições conflitantes, e não quando estas já estão de acordo.

Para o problema em questão, uma possível solução que harmoniza os dois campos é criar uma margem de prejuízo onde, ainda que Δsap seja positivo, *i.e.* ainda que o Sistema de Audiências de Custódias seja mais custoso que o Sistema de Análise de Autos, mesmo assim aquele sistema deverá ser implementado em vista de toda a argumentação jurídica posta.

A lógica por trás desta margem é: ainda que o Sistema de Audiências de Custódia seja mais caro que o Sistema da Análise dos Autos, a sociedade escolhe custear tal diferença, em face à argumentação jurídica em favor da sua aplicação, ou, como coloca Ferrajoli (2011, p. 571): "… nenhum valor ou princípio é satisfeito sem custos. E este é um custo que o sistema penal, se deseja salvaguardar a sua razão de ser, deve estar disposto a pagar".[125]

Esta solução, contudo, tem um porém, que evidência a máxima do Direito e Economia, caso a diferença entre os sistemas esteja acima do que esta faixa de custeio tolera – hipótese em que o sistema deixa de ser economicamente tolerável e passa a ser economicamente danoso e, se a diferença for muito grande, economicamente proibitivo – então esta limitação econômica não poderá ser ignorada pelos operadores do Direito e o Sistema de Audiência de Custódia não poderá ser utilizado, independente de disposição legal, internacional, ou constitucional.

Na hipótese em que a utilização do Sistema de Audiência de Custódia seja economicamente danosa (fora da faixa de custeio), o que se espera é que se idealizem outros sistemas, ou realizem *trade offs* de forma a baratear o custo para tornar possível um sistema semelhante (por videoconferência por exemplo, como será visto no Capítulo 4). Isto é o *Law & Economics:* cabe também ao operador do Direito se preocupar com a possibilidade econômica do sistema.

---

125 Confrontar com o original: "... nessun valore o principio è soddisfatto senza costi. E questo è un costo che il sistema penale, se vuol salvaguardare la sua ragion d'essere, dev'essere disposto a pagare".

CAPÍTULO IV

QUESTÕES IMINENTES

Face à recente implementação das Audiências de Custódia, tanto a realidade forense – por parte dos advogados, juízes, e promotores – quanto a autoridade policial, e inclusive o Poder Legislativo, têm se deparado com diversas dificuldades e novas questões a respeito das referidas audiências.

Neste capítulo, serão abordadas, com base no ferramental desenvolvido nos três capítulos anteriores, duas questões contemporâneas sobre as Audiências de Custódia: a primeira delas – a contagem do prazo para a realização da audiência – decorre da realidade forense; a segunda – possibilidade de realização das Audiências de Custódia por Videoconferência – já foi tema do Poder Legislativo.

Além destas duas questões contemporâneas, também será analisada uma terceira questão vindoura, que, embora ainda não tenha sido arguida no âmbito das Audiências de Custódia, decorre do argumento da presente dissertação, de aplicar o raciocínio econômico ao Direito, em específico da segunda pergunta de Polinsky: a pergunta do incentivo. Ela trata da possibilidade de conferir aos Delegados de Polícia a atribuição de decretar medidas cautelares diversas da prisão.

4.1 Contagem do Prazo para Apresentação do Detido ao Juiz

Sobre o prazo para a realização da Audiência de Custódia, três pontos são fundamentais: o marco inicial da contagem deste prazo, sua duração, e qual o efeito do exaurimento deste prazo. Tanto o Pacto Internacional de Direitos Civis e Políticos quanto o Pacto de São José da Costa Rica não definem nem o marco inicial nem o prazo em si, e sequer mencionam o que deverá acontecer caso este se escoe. Ambos apenas afirmam que o preso[126] (subentende-se portanto que a prisão já teria sido formalizada[127]) deverá ser levado a um "juiz ou autoridade habilitada por lei a exercer funções judiciais" *sem demora.*

A Resolução 213 do Conselho Nacional de Justiça define em seu artigo primeiro que toda pessoa presa em flagrante delito deve ser apresentada à autoridade judicial "em até 24 horas da comunicação do flagrante". A "comunicação do flagrante" é a obrigatoriedade disposta no artigo 306, *caput* e parágrafo 1º do Código de Processo Penal, que já estabelece um prazo de 24 horas[128].

Embora nos termos da resolução do CNJ o prazo para a realização da Audiência de Custódia seja de vinte e quatro

126 O primeiro pacto se refere ao "preso ou encarcerado", e o segundo ao "preso, detido, ou retido".

127 No caso de "retido", pode-se entender que bastaria o cerceamento à liberdade de locomoção, não sendo necessária a prisão formalizada.

128 Art. 306. A prisão de qualquer pessoa e o local onde se encontre serão comunicados imediatamente ao juiz competente, ao Ministério Público e à família do preso ou à pessoa por ele indicada. § 1º Em até 24 (vinte e quatro) horas após a realização da prisão, será encaminhado ao juiz competente o auto de prisão em flagrante e, caso o autuado não informe o nome de seu advogado, cópia integral para a Defensoria Pública. (CÓDIGO DE PROCESSO PENAL)

horas, este é contado a partir da comunicação do flagrante, comunicação esta que tem de ser realizada em até vinte e quatro horas após a "realização da prisão". Portanto, o prazo do CNJ é na realidade dois prazos consecutivos de vinte e quatro horas: o primeiro contado a partir da "realização da prisão"[129], cobrando a comunicação do flagrante da prisão; e um segundo contado a partir desta comunicação até a realização da Audiência de Custódia. Este documento também restou silente no que concerne o fim do prazo.

O último documento analisado é a Portaria Conjunta 101 do Tribunal de Justiça do Distrito Federal e Territórios (Anexo I) que dispôs em seu artigo 3º:

> Art. 3º A autoridade policial providenciará a apresentação do preso em flagrante, em até 24 horas após a sua prisão, ao Juiz competente para presidir a audiência de custódia. (PORTARIA CONJUNTA DO TRIBUNAL DE JUSTIÇA DO DISTRITO FEDERAL E TERRITÓRIOS)

O marco inicial para a referida portaria é também a prisão (subentende-se só depois de formalizada), e o prazo, vinte e quatro horas, aqui também nada esclarece sobre o que acontece caso o prazo finde.

Apesar da nobre tentativa por parte dos agentes públicos responsáveis pela confecção dos documentos acima de procurar garantir o controle judicial das prisões, da forma que os documentos foram redigidos não só o controle judicial real só ocorrerá após a formalização da prisão (a prisão de direito), como a não apresentação em vinte e quatro horas

129 Subentendendo-se que a prisão haveria de estar formalizada tal qual ocorre na disposição dos Pactos Internacionais.

do detido não gerará nenhum efeito. Ou seja, em uma análise estrita, do instante em que a autoridade policial cerceia a liberdade do cidadão (a prisão *de facto*) até sua formalização, não haverá controle judicial da prisão; e a apresentação em vinte e quatro horas em si tem um caráter de recomendação, e não de obrigatoriedade.

Uma forma mais elegante de se estruturar o prazo para a realização da Audiência de Custódia seria determinar um marco inicial o mais amplo possível – idealmente a contagem do prazo se iniciaria no instante em que a liberdade de locomoção do indivíduo foi cerceada – e um marco final (independente de sua duração) efetivamente final, terminativo, conclusivo, estancante; caso o prazo se escoe, o preso livra-se solto.

De pronto, esta forma de contagem cobraria celeridade na atuação da burocracia policial. Em que pese a dificuldade de aferir com precisão o momento deste cerceamento, absolutamente qualquer sinal de limitação à liberdade de ir e vir serviria como marco, por menor que fosse, o que gera uma gama de possibilidades de meios de se definir tal marco.

O instante que a autoridade policial iniciou a execução de uma operação, o instante que o detido foi ordenado a "esperar", o momento em que ele foi levado à delegacia, a hora em que iniciou-se seu interrogatório etc., absolutamente qualquer um destes serviria de marco inicial. Ainda que o réu, ou seu advogado, não se atente ao primeiro ou segundo fato de cerceamento à liberdade, esta está sendo cerceada a todo momento, ou seja, mesmo que não se consiga demonstrar o momento em que o policial deu a ordem de "espere", o instante da tomada de depoimento continua bem documentado, e este será um limite aberto: sabe-se que o cerceamento se iniciou antes do interrogatório do detido.

Além disso, na pior das hipóteses, caso o cerceamento ocorresse e não fosse definido antes da realização da Audiência de Custódia, o início do cerceamento à liberdade do cidadão restaria esclarecido no decorrer de sua Ação Penal, na qual se verificará se houve alguma atitude ilegal por parte da autoridade policial: o momento de cerceamento será matéria de prova: as testemunhas vão narrar quando "os policiais chegaram", etc.

Desta forma, não ocorreria o limbo jurídico burocrático em que uma pessoa está sob a guarda da autoridade policial aguardando a realização da formalização da sua prisão, não podendo sair do local – tendo o seu direito de ir e vir no mínimo limitado – e sem o prazo para a sua Audiência de Custódia ter iniciado.

Definindo o prazo para a realização da Audiência de Custódia desta maneira, a discussão quanto à duração deste acaba resvalando para segundo plano, com um marco inicial tão anterior, e o esgotamento do prazo tendo por efeito a liberação imediata, este pode inclusive ser maior do que vinte e quatro horas. Caso o Estado consiga garantir que todos os seus presos sejam levados a uma Audiência de Custódia em no máximo quarenta e oito horas, a contar do primeiro (ainda que minúsculo) cerceamento à liberdade de ir e vir do cidadão, e que, se este prazo se esvair, o detido será imediatamente solto, apenas o mais ideológico dos garantistas se revoltará.

De nada adianta insistir por um prazo curto de apresentação do detido ao juiz, cuja contagem inicia após a lavratura do flagrante vez que do momento do início do cerceamento do direito de ir e vir até a lavratura do flagrante podem transcorrer muitas horas.; e cujo termo possa ser flexibilizado "em razão do excesso de trabalho da polícia", ou da "falta de contingente". A diferença entre esta forma de contagem e a anterior é a capacidade de controle entre eles. Caso se estabeleça um prazo honesto, possível (ainda que difícil) de ser cumprido, com um marco inicial o mais amplo possível (absolutamente qualquer cerceamento à liberdade de ir e vir), e um efeito absoluto caso este se finde, se tornará fácil controlá-lo.

4.2 Possibilidade de Realização da Audiência de Custódia por Videoconferência

Em que pesem os dois pactos internacionais que tratam da matéria disporem que o preso deverá ser levado "à presença" do juiz, e a Resolução 213 do CNJ e a Portaria Conjunta 101 do TJDFT estabelecerem a "apresentação" do preso em flagrante ao juízo, como apontado ao longo de todo o terceiro capítulo desta dissertação, há uma grande preocupação com o custo logístico das Audiências de Custódia. Inclusive, durante a tramitação do Projeto de Lei do Senado 554/2011 – que visa incluir o instituto no Código de Processo Penal[130]–, foi apresentada em plenário a emenda de número 13, propondo a inclusão do parágrafo 12, que visa permitir que as Audiências de Custódia, no âmbito da

130 Ementa do Projeto de Lei do Senado: Altera o § 1º do art. 306 do Decreto-Lei nº 3.689, de 3 de outubro de 1941 (Código de Processo Penal), para determinar o prazo de vinte e quatro horas para a apresentação do preso à autoridade judicial, após efetivada sua prisão em flagrante.

Justiça Federal, sejam realizadas por videoconferência, tendo por justificativa a atenção ao Princípio da Eficiência[131].

A emenda se limitava à Justiça Federal, foi retirada pelo próprio autor e não consta no texto final do Projeto, além disso, ainda que ela fosse aprovada, haveria um forte indício de inconstitucionalidade, vez que os Pactos Internacionais internalizados (no mínimo normas supralegais, mas há quem defenda seu caráter constitucional em razão da matéria) dispõem que o preso deve ser levado "à presença" do juiz, e a lei afrontaria esta previsão pactual.

Mesmo assim, é importante esmiuçar este argumento pois a ideia da realização das Audiências de Custódia por videoconferência pode ser trazida à pauta novamente por algum agente público. E, além disso, a existência desta emenda mostra a fragilidade de se restringir as análises jurídicas àquela do *homo iuricus* (Lopes, 2006) com base na legalidade, pois a norma pode ser alterada, tanto legislativamente, quanto por alguma forma extremamente sofisticada de interpretação.

Além da referida emenda, em outras duas oportunidades o Congresso Nacional discutira sobre o uso da videoconferência (Galvão, 2016): a regulamentação do Regime Disciplinar Diferenciado (PL nº 5.073/2011), e a alteração no parágrafo 2º do artigo 185 do Código de Processo Penal brasileiro, que permite excepcionalmente a realização de interrogatório por videoconferência (PLS nº 679/2007, que resultou na Lei nº 11.900/2009). Em ambos os casos, invocou-se, como principal argumento pela

---

131 A justificativa utilizada pelo autor da emenda foi "O §12º dispõe sobre a possibilidade do uso de videoconferência que já possibilitaria em respeito ao princípio da eficiência, a realização da audiência de custódia perante a Justiça Federal."

utilização do sistema, os altos custos das escoltas policiais, e desdobramentos destes custos: risco de fuga, segurança dos envolvidos, e razoável duração do processo.

Sobre a comparação entre o custo do transporte do preso e o custo da videoconferência (não necessariamente no caso das Audiências de Custódia, mas naturalmente a elas aplicável), a citada autora organiza as diversas posições doutrinárias em dois grupos: aqueles a favor da implementação do interrogatório virtual justamente por força dos altos custos; e os que são contrários à implementação desta forma de audiência, seja porque eles negam que os custos sejam de fato altos (relativamente), seja porque tal gasto é inerente à atividade estatal/jurisdicional[132], ou que a instalação dos equipamentos para o interrogatório remoto também acarretariam gastos:

> A doutrina, há muito, ocupa-se em discutir a questão e analisar o gasto estatal com os deslocamentos decorrentes das requisições dos acusados presos. Enquanto alguns aceitam o alto custo como fundamento para adoção da tecnologia para o interrogatório, corrente contrária rechaça por vários argumentos, Há quem sustente que o custo não é tão alto quanto propagado, *"tornando-se barato em relação à clara diferença de tratamento entre as duas formas de interrogar"*[Guimarães, 2009, p. 165]; que se trata de despesa inerente à natureza do poder estatal; ou que o custo para instalação de equipamentos será equivalente ao gasto com escoltas. (GALVÃO, 2015, p. 136 e 137)

Todos os três argumentos acima dos que são contrários à utilização de videoconferências tratam de custos e escassez,

132 Vide nota de rodapé 125.

portanto, como foi arguido no capítulo 3 deste estudo, se limitar a uma análise jurídica será insuficiente sendo indispensável que também se realize uma análise econômica, e, em caso de conflito entre ambas, há de se harmonizá-las.

A primeira posição do referido extrato menciona a "clara diferença de tratamento dos dois sistemas", que quer dizer uma maior *qualidade* do sistema presencial das Audiências de Custódia sobre o sistema de videoconferência.

Esta comparação é análoga àquela feita no tópico 3.5 desta obra, que comparou o Sistema das Audiências de Custódia com o Sistema da Análise dos Autos, e a base do argumento é exatamente a mesma: lá se afirmava que, ainda que os custos da realização da Audiência de Custódia fossem maiores que o custo da Análise dos Autos, dada a diferença na qualidade dos dois sistemas, a probabilidade de soltura no primeiro (p) seria maior que a probabilidade de soltura no segundo (p') e esta diferença implicaria uma redução na quantidade de encarceramento que, por ser extremamente custoso, diminuiria o custo total do sistema; alternativamente, cá se afirma que o Sistema Presencial detentor de uma melhor qualidade ("clara diferença de tratamento") terá uma probabilidade de soltura maior que o Sistema por Videoconferência, o que acarretará o mesmo resultado da comparação anterior (redução nos custos totais, pois se desencarcerará mais).

Para se averiguar este argumento, basta fazer a mesmíssima análise do tópico 3.5, substituindo o Saa (Sistema de Análise dos Autos) por Sav (Sistema de Audiência por Videoconferência).

Quanto ao segundo argumento – de que o gasto seria inerente à atividade estatal – ele se baseia na simples lógica de que, ao deter uma pessoa, o Estado a está impedindo de buscar satisfazer suas necessidades, daí advém a obrigação estatal de garantir as diversas formas de assistência ao detido, estando aí incluído também seu deslocamento para a presença de um juiz. Este argumento já havia sido exposto na Inicial da ADPF 347 e no tópico 3.5 desta obra quando este tratou da "faixa de custeio". Ainda que ocorra prejuízo, existe uma faixa deste prejuízo que deve ser admitido por força da argumentação jurídica pela implementação do sistema presencial, agora, é necessário ter a tranquilidade e a honestidade acadêmica de compreender que esta faixa tem limite.

Finalmente, sobre o último argumento do extrato acima, embora de fato a aquisição e manutenção de equipamentos para videoconferência acarretariam custos, é difícil imaginar que estes poderiam sequer ser comparáveis com a custo de aquisição e manutenção de um sistema de escolta que inclui: pessoal (salário, adicional de periculosidade, treinamento, reciclagem, etc.), equipamentos (armas de fogo, munição, colete a prova de balas, veículos etc.). De qualquer forma, para se verificar o argumento bastaria realizar a comparação com o Sistema de Audiência por Videoconferência mencionado.

Legalmente, não há a alternativa de as Audiências de Custódia serem feitas por videoconferência, e esta alteração estava em discussão, mas foi tirada do horizonte legislativo. Mesmo assim, caso o tema retorne ao debate, academicamente já há a presente análise.

4.3 Possibilidade de Conferir aos Delegados de Polícia a Atribuição de Decretar Medidas Cautelares Diversas da Prisão

No que se refere à balança entre presunção de inocência e as medidas cautelares penais, a posição garantista já foi exposta no tópico *2.3 A Questão Cautelar*: de fundamentalmente inadmitir cautelares penais. Esta discussão já ocorreu no capítulo 2, aqui se argui a partir da relação entre a presunção de inocência e as medidas cautelares que está estabelecida na realidade brasileira contemporânea.

No tópico 3.4, ao tratar da segunda pergunta de Polinsky (2003) sobre o incentivo: "A norma legal aplicada cria incentivos para que os indivíduos e firmas se comportam de forma eficiente?" (Polinsky, 2003, p. 158), afirmou-se que a implementação das Audiências de Custódia cria um incentivo indireto aos atores processuais, que caso se comportem eficientemente - de fato utilizem a prisão como *ultima ratio* –, colaborarão com a redução da superlotação, o que tornará a realidade de trabalho de todos mais sã.

Tal incentivo também ocorre à autoridade policial que, quanto mais utilizasse de suas alternativas não prisionais, menos presos teria de levar à presença de um Juiz. Ocorre que no caso de uma prisão em flagrante, nos termos do artigo 304 do Código de Processo Penal, há poucas possibilidades não prisionais disponíveis. As únicas duas alternativas à manutenção da prisão seria a soltura ou a fiança, *i.e.* ao analisar uma prisão em flagrante, salvo casos excepcionais, a prisão será mantida pela autoridade policial, por simples falta de outros mecanismos.

Alternativamente, caso se amplie as alternativas à prisão no momento processual do artigo 304, haverá uma tendência ao desencarceramento, pois há todo um espectro de casos que não exigem o rigor da prisão, mas também não admitem a simples soltura ou a fiança. Para estes casos, no sistema atual das Audiências de Custódia, a autoridade policial irá manter a prisão em flagrante, e conduzir o detido ao Juiz, mas mais eficiente seria se ela própria pudesse decretar alguma medida cautelar menos gravosa que a prisão, mas não a liberdade absoluta.

Este devaneio esbarra em inúmeras questões no atual ordenamento jurídico, a começar pela disposição do artigo 282 do Código de Processo Penal, que confere apenas ao juiz o poder de decretar medidas cautelares[133]. Ocorre que o *poder de decretar* uma prisão também é conferido pelo Código de Processo Penal apenas ao Juiz, não à autoridade policial, mas, na excepcionalidade de se encontrar um ator *in flagrante delicto*, nesta situação de crise, a autoridade policial ainda não pode *decretar*, mas pode/deve recolher o agente à prisão, devendo tal recolhimento ser posteriormente comunicado ao juízo competente, como visto no último tópico do capítulo 2.

Vez que, nesta excepcionalidade, a autoridade policial pode cometer a violação máxima à liberdade de um cidadão (prendê-lo) de forma precária (pois esta prisão deverá ser

133 Art. 282. As medidas cautelares previstas neste Título deverão ser aplicadas observando-se a: I - necessidade para aplicação da lei penal, para a investigação ou a instrução criminal e, nos casos expressamente previstos, para evitar a prática de infrações penais; II - adequação da medida à gravidade do crime, circunstâncias do fato e condições pessoais do indiciado ou acusado. (...) § 2o As medidas cautelares serão decretadas pelo juiz, de ofício ou a requerimento das partes ou, quando no curso da investigação criminal, por representação da autoridade policial ou mediante requerimento do Ministério Público.

revista por um juiz, seja pelo sistema da análise dos autos, ou da audiência de custódia), pela lógica do brocardo latino *in eo quod plus est semper inest et minus* - quem pode o mais pode o menos – não há por que se revoltar frente a ideia de que a autoridade policial poderia, em uma situação de flagrante, decretar também precariamente uma cautelar menor que a prisão.

Isto é, tendo em vista que em uma situação de flagrante a autoridade policial pode/deve efetuar uma prisão, que será convalidada posteriormente por um juiz; não há motivo para impedir que a mesma autoridade policial, em uma situação de flagrante onde ela julgue possível soltar o flagrado, aplique uma medida cautelar diversa da prisão, que também será convalidada por um juiz.

Como as medidas cautelares penais, diversas da prisão, embora sejam violações da liberdade, necessariamente são mais brandas que a prisão, estas não demandam toda uma audiência para a sua revisão, podendo perfeitamente serem analisadas judicialmente pelo Sistema de Análise de Autos. Criar-se-ia dois ritos para o flagrante: em caso de prisão, o detido seria levado à Audiência de Custódia; e em caso apenas de uma decretação precária de uma medida cautelar por parte da autoridade policial, esta seria revista pelo juiz nos moldes da análise dos autos disposta no artigo 310.

Consideremos a hipótese em que a autoridade policial tenha um fundado receio de fuga internacional por parte do flagrado. No sistema atual (com as Audiências de Custódia), a autoridade policial deverá mantê-lo encarcerado até a realização da referida audiência (podendo até representar ao juízo a decretação do confisco do passaporte nos termos do parágrafo 2º do artigo 282 do Código de Processo Penal, o que será decidido na própria audiência), alternativamente, caso se atribua à autoridade policial a capacidade de realizar este confisco (precariamente, frise-se) neste cenário, o flagrado seria liberado tendo o seu documento confiscado, e a discussão sobre o passaporte ocorreria judicialmente, com o flagrado livre.

Economicamente, caso este rol fosse ampliado, haveria um maior estímulo à autoridade policial para que esta se comportasse de forma eficiente. Mas, juridicamente, em específico criminologicamente, há sempre uma preocupação em conceder poder ao braço armado do Estado: "... é inegável que, ao aumentar a discricionariedade investigadora das agências policiais, ampliam-se as oportunidades para a tortura". (ZAFFARONI, 2006, p. 119)

Em que pese o autor argentino se referir à tortura, no caso que aqui estamos tratando, a palavra "excesso" seria mais apropriada. De fato, há de se preocupar com o aumento da possibilidade de excessos que o ampliamento da discricionariedade, neste caso *cautelar*, pode gerar. Mas esta pulsão do Estado policial[134] só pode ser contida pelo Estado de Direito, e, o que aqui se coloca, é que este aumento nas atribuições policiais idealmente diminuirá o número de flagrados que serão levados a Audiências de Custódia, o que gerará menos custo ao dinheiro público e, sistemicamente considerando, tornará o trabalho de todos os envolvidos no sistema penal mais eficiente.

Este, contudo, é o cenário ideal, hipótese na qual, com a atribuição da capacidade de decretar medidas cautelares diversas da prisão, a autoridade policial continuará soltando os casos que outrora soltaria, e uma parcela dos casos que seriam presos será solta, mediante a aplicação da medida cautelar, representada na Figura 1.

---

134 Vide nota de rodapé 73 .

Figura 1: Cenário ideal. A seta preta representa a gravidade da conduta flagrada. Acima dela está o modelo atual no qual a autoridade policial pode apenas prender ou soltar (mesmo que mediante fiança). Abaixo da seta, com a concessão da atribuição de decretar medidas cautelares, uma parcela dos atos que seriam presos passa a ser solta mediante a aplicação de medidas cautelares diversas da prisão.

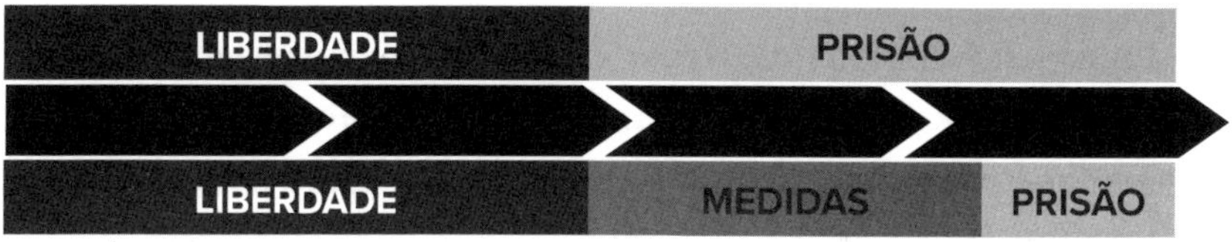

Fonte: O autor.

Existem porém outros dois cenários já não tão garantistas: o primeiro, aqui batizado de "polêmico", em que há uma parcela de atos que anteriormente resultaria em prisões, que passa a ser solta mediante alguma medida cautelar (como no cenário ideal), mas também atos que antes seriam simplesmente soltos (ainda que mediante fiança) passem a ser soltos mediante uma medida cautelar.

Figura 2: Cenário polêmico. A mesma estrutura da figura um, mas, neste caso, uma parcela, que seria solta no regime anterior, agora é solta mediante a aplicação de medidas cautelares diversas da prisão.

Fonte: O autor.

E o terceiro cenário, o *desastroso*, é aquele onde a pulsão do Estado de Polícia rompe a barreira do Estado de Direito, os atos que antes seriam presos continuam sendo presos (na representação abaixo há uma ínfima redução destes), e uma parcela dos casos que antes seria solta (ainda que mediante fiança) passa a ser solta com a aplicação de alguma medida cautelar.

Figura 3: Cenário desastroso. A mesma estrutura da figura 1, mas neste caso praticamente não se reduz os que são presos, mas passa-se a soltar, mediante medidas cautelares diversas da prisão, uma parcela que seria simplesmente solta no regime anterior.

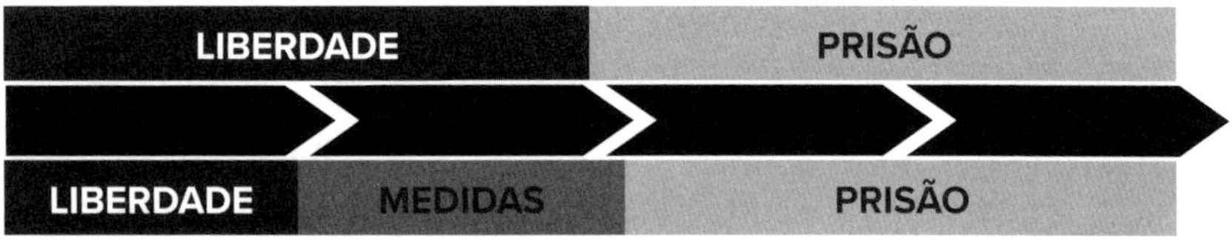

Fonte: O autor.

Os três cenários mostram que o ordenamento jurídico é uma ferramenta, que pode (a mesma ferramenta, o mesmo ordenamento) ser utilizada de várias formas, e cabe aos operadores do Direito, em um Estado de Direito, que esta aplicação ocorra de uma forma a conter o Estado Policial.

Ao falar sobre a "derrubada dos muros do cárcere" como uma forma de ressocialização dos presos, Baratta (1999) propõe o "alargamento do sistema de medidas alternativas", e é isso que se propõe aqui, alargar a possibilidade de aplicação das medidas cautelares alternativas de forma a evitar a prisão.

Todo o argumento de medidas alternativas ao cárcere como pena se aplica à concessão desta atribuição à autoridade policial. Só o juiz pode prender, mas na excepcionalidade do flagrante, o ordenamento permite ao Delegado prender precariamente/temporariamente. Da mesma forma e pelos mesmos argumentos, só o Juiz pode decretar medidas alternativas à prisão, mas não há razão lógica para que, na excepcionalidade do flagrante, não se permita que o delegado precariamente, temporariamente, o faça.

CONCLUSÃO

O parágrafo de abertura da introdução do presente estudo mencionou a situação atual dos Direitos Fundamentais no Brasil, muitas vezes dispostos em diplomas oficiais, mas não efetivados. Este parágrafo afirmava que a fixação, definição, efetivação, e aplicação dos mesmos já eram reconhecidamente objetos de estudos dos Tribunais e da Academia, e que os impactos econômicos sociais e políticos que decorrem da operação destes Direitos têm se tornado cada vez mais temas de interesse tanto dos Tribunais quanto da Academia.

As Audiências de Custódia se encontravam na situação descrita acima – haviam sido dispostas, mas não efetivadas – e foi necessário que o STF, devidamente provocado pela ADPF 347, cobrasse sua efetivação. Esta dissertação deu prosseguimento ao desenvolvimento destas operações com este instituto, tratando tanto de defini-lo, nos capítulos 1 e 2, mas especialmente deduzir os impactos que dele decorreriam, nos capítulos 2, 3, 4.

Com a exposição dos aspectos jurídicos (penais), e econômicos que se referem as Audiências de Custódia, foi possível enfrentar o problema ao qual a dissertação se propôs que era investigar as limitações que a Economia poderia impor à efetivação das Audiências de Custódia.

A hipótese - que afirmava que a implementação destas Audiências faria tanto sentido jurídico quanto econômico - foi parcialmente confirmada. O Modelo Comparativo entre as Audiências de Custódia e o Sistema de Análise dos Autos proposto no tópico 5 do capítulo 3 possui três possíveis resultados: a diferença entre os dois sistemas de análise das prisões em flagrante pode ser negativa, zero, ou positiva.

Caso seu resultado seja negativo, a hipótese da pesquisa restaria confirmada, e haveria além do argumento jurídico um argumento econômico pela implementação das Audiências de Custódia. Se o resultado da equação resultar em zero, a Economia seria indiferente à implementação do instituto; e se a diferença for positiva, embora neste caso a Economia seja contrária à implementação da mudança, por força da razão de ser do *Law & Economics* - harmonizar os dois campos -, haveria uma *faixa de tolerância*, onde se admitiria o prejuízo para se realizar a revisão da prisão em uma audiência completa frente à gravidade jurídica que é uma prisão cautelar. Por outro lado, nesta última possibilidade, caso a diferença de custos entre os dois sistemas seja excessivamente negativa, então, dentro da lógica do *Law & Economics* será necessário que o Direito ceda e reconheça a impossibilidade da implementação do instituto.

Os três primeiros capítulos buscaram expor a informação necessária para a conclusão. O primeiro tratou do histórico e previsão do instituto no ordenamento brasileiro, focando nos diplomas jurídicos (pactos, voto liminar etc.); o segundo abordou as questões penais, com forte embasamento na Teoria Política e na Política Criminal; o terceiro capítulo foi essencialmente uma apresentação do *Law & Economics* e sua aplicação na problemática das Audiências de Custódia. Embora o quarto capítulo não tenha exposto informações como fizeram seus antecessores, ele as deduziu, com base no que estes haviam apresentado, e demonstrou a aplicação do pensamento econômico em questões do Direito que surgiram após a implementação das Audiências de Custódia.

Apesar de o recorte da dissertação ter sido especificamente nas Audiências de Custódia, o raciocínio aqui apresentado pode ser extrapolado para todos os Direitos Fundamentais, e é essencial no Brasil contemporâneo que isto ocorra, tanto para a *eficiência* ser trazida abertamente para as questões jurídicas, quanto para que, ao se tratar destas questões, os juristas entendam que há limites reais e pragmáticos para os ditames.

No que se refere às dificuldades encontradas ao longo da pesquisa, a confecção do raciocínio do capítulo 2 se mostrou particularmente complexa, pois foi necessário desenvolver as ideias dos tópicos em paralelo, não em série: o primeiro tópico do capítulo trata do viés teórico da função do Estado e da pena, e inicia em pleno Iluminismo com os três contratualistas; o segundo tópico fala em específico da pena, e teve de retornar à Roma Antiga e à Inquisição, para depois chegar ao Iluminismo. Esta construção foi necessária em razão do enfoque de cada tópico, sendo impossível que se adotasse uma ordem simplesmente cronológica. Em razão disso, foi necessário fazer diversas retomadas de pensamento e notas de rodapé para posicionar o leitor no texto, e de qual momento do pensamento penal o texto tratava.

O capítulo 3 também exigiu maior detalhamento em razão de sua matéria: Economia; área de estudo muito dependente da matemática, que normalmente escapa ao jurista médio, razão pela qual foi necessário dedicar uma parte do próprio texto da dissertação para tratar das bases da economia, definir conceitos desta ciência em nota de rodapé, assim como o ritmo do texto teve de ser freado, para permitir àqueles não versados em ambas as disciplinas que o acompanhassem.

Ao longo do estudo, foram vislumbradas outras linhas de pesquisa que merecem investigação acadêmica. A primeira surgiu no capítulo 2 e se refere à expressão "culpa formada" na Constituição Imperial, que pode ser uma versão arcaica da presunção de inocência; cabe fazer esta averiguação, bem como entender o motivo de sua repetição na Constituição Republicana, sua ausência na Constituição de 1934 e seu retorno em 1937. A segunda e a terceira possibilidades de estudos futuros surgiram no capítulo 3 (em realidade, todo o campo do *Law & Economics* se mostra extremamente fértil para novas incursões, estando aqui mencionadas apenas os maiores destaques) e dizem respeito ao Modelo Comparativo: de pronto, cabe fazer um estudo que envolva no cálculo o valor do dinheiro no tempo (juros), a inflação, e outras grandezas típicas da economia; além do estudo econômico, também seria de grande valia um estudo contábil, para se verificar a comparação entre o Sistema da Análise dos Autos e o Sistema das Audiências de Custódia.

REFERÊNCIAS

AGAMBEN, Giorgio. **Homo Sacer:** Il potere Sovrano e la nudità vita. 9. ed. Torino: Einaudi, 2012. 175 p.

AMARAL, Cláudio do Prado; e BONATO, Patrícia de Paula Queiroz. **Os Custos da Prisionalização no Brasil.** Boletim do Instituto Brasileiro de Ciências Criminais, São Paulo, nº 287, out. 2016.

ARENDT, Hannah. **On Revolution.** New York: Penguin, 2006. 336 p.

BARATTA, Alessandro. **Criminologia Crítica, e Crítica do Direito Penal.** Rio de Janeiro: Revan, 1999. 254 p.

BARRUCHO, Luís Guilherme. **Prisões brasileiras são 'um inferno', diz Barbosa em Londres.** Da BBC Brasil em Londres, internet, 29 janeiro 2014. Disponível em: <http://www.bbc.com/portuguese/noticias/2014/01/140129_barbosa_prisoes_londres_lgb> Acesso em 26-07-2016.

BATISTA, Vera Malaguti. **Introdução Crítica a Criminologia Brasileira.** Rio de Janeiro: Revan, 2011. 126 p.

BECCARIA, Cesare. **Dei Delitti e Delle Pene.** 16ª ed. Milano: Universale Economica Feltrinelli, 2000. 204 p.

BÍBLIA. Italiano. **Bibbia di Gerusalemme.** Texto da *La Sacra Bibbia dela CEI*. Bologna.

BIDERMAN, Maria Tereza Camargo. **Análise de dois dicionários gerais do português brasileiro contemporâneo: o Aurélio e o Houaiss**. *Filologia e Linguística Portuguesa,* São Paulo, nº 5, 85-16, 2002. Disponível em: <http://www.revistas.usp.br/flp/article/viewFile/59701/62799> Acesso em: 29-02-2016.

BRANCO, Paulo Gustavo Gonet. **Em busca de um conceito fugidio – o ativismo judicial.** In: As novas faces do ativismo judicial. Salvador: JusPodivum, 2011. Orgs. André Fernandes Fellet; Daniel Giotti de Paula; Marcelo Novelino.

BRASIL. **Decreto nº 10.358, de 31 de agosto de 1942.** Declara o estado de guerra em todo o território nacional. Disponível em: <http://www.planalto.gov.br/ccivil_03/decreto/1930-1949/D10358.htm#art2> Acesso em 5-1-2017.

BRASIL. Conselho Nacional de Justiça. **Resolução Nº 213 de 15/12/2015.** Dispõe sobre a apresentação de toda pessoa presa à autoridade judicial no prazo de 24 horas. Disponível em: <http://www.cnj.jus.br/busca-atos-adm?documento=3059> Acesso em 22-07-2016.

BRASIL. Constituição (1988). **Constituição da República Federativa do Brasil.** Disponível em: <http://www.planalto.gov.br/ccivil_03/Constituicao/Constituicao.htm> Acesso em: 03-02-2016.

BRASIL. Constituição (1988). **Texto Original da Constituição da República Federativa do Brasil.** Disponível em: < http://www2.camara.leg.br/legin/fed/consti/1988/constituicao-1988-5-outubro-1988-322142-publicacaooriginal-1-pl.html> Acesso em: 03-02-2016.

BRASIL. **Constituição da República dos Estados Unidos do Brasil de 24 de fevereiro de 1891.** Disponível em: <https://www.planalto.gov.br/ccivil_03/constituicao/constituicao91.htm> Acesso em: 5-1-2017.

BRASIL. **Constituição da República Federativa do Brasil de 1967.** Disponível em: <http://www.planalto.gov.br/CCivil_03/Constituicao/Constituicao67.htm> Acesso em: 5-1-2017.

BRASIL. **Constituição dos Estados Unidos do Brasil de 10 de novembro de 1937.** Disponível em: <http://www.planalto.gov.br/ccivil_03/constituicao/constituicao37.htm> Acesso em 5-1-2017.

BRASIL. **Constituição Politica do Imperio do Brazil de 25 de março de 1824.** Constituição Política do Império do Brasil, elaborada por um Conselho de Estado e outorgada pelo Imperador D. Pedro I, em 25.03.1824.Carta de Lei de 25 de Março de 1824. Manda observar a Constituição Politica do Imperio, offerecida e jurada por Sua Magestade o Imperador. Disponível em: <http://www.planalto.gov.br/ccivil_03/constituicao/constituicao24.htm> Acesso em 5-1-2017.

BRASIL. **Decreto Legislativo nº 226 de 1991.** Aprova os textos do Pacto Internacional sobre Direitos Civis e Políticos e do Pacto Internacional sobre Direitos Econômicos, Sociais e Culturais, ambos aprovados, junto com o Protocolo Facultativo relativo a esse último pacto, na XXI Sessão (1966) da Assembléia-Geral das Nações Unidas. Disponível em: <http://legis.senado.gov.br/legislacao/ListaPublicacoes.action?id=135720> Acesso em 22-07-2016.

BRASIL. **Decreto nº 592, de 6 de julho de 1992.** Atos Internacionais. Pacto Internacional sobre Direitos Civis e Políticos. Promulgação. Disponível em <http://www.planalto.gov.br/ccivil_03/decreto/1990-1994/d0592.htm> Acesso em: 22-07-2016.

BRASIL. **Decreto nº 678, de 6 de novembro de 1992.** Promulga a Convenção Americana sobre Direitos Humanos (Pacto de São José da Costa Rica), de 22 de novembro de 1969. Disponível em <http://www.planalto.gov.br/ccivil_03/decreto/D0678.htm> Acesso em: 03-02-2016.

BRASIL. **Decreto nº 7.030, de 14 de dezembro de 2009.** Promulga a Convenção de Viena sobre o Direito dos Tratados, concluída em 23 de maio de 1969, com reserva aos Artigos 25 e 66. Disponível em <http://www.planalto.gov.br/ccivil_03/decreto/D0678.htm> Acesso em: 03-02-2016.

BRASIL. **Emenda Constitucional nº 1, de 17 de Outubro de 1969.** Disponível em: <http://www.planalto.gov.br/ccivil_03/Constituicao/Emendas/Emc_anterior1988/emc01-69.htm> Acesso em 5-1-2017.

BRASIL. **Emenda Constitucional nº 3.** Altera os arts. 40, 42, 102, 103, 155, 156, 160, 167 da Constituição Federal. Disponível em < http://www.planalto.gov.br/ccivil_03/Constituicao/Emendas/Emc/emc03.htm> Acesso em: 03-02-2016.

BRASIL. **Lei nº 11.900, de 8 de janeiro de 2009.** Altera dispositivos do Decreto-Lei no 3.689, de 3 de outubro de 1941 – Código de Processo Penal, para prever a possibilidade de realização de interrogatório e outros atos processuais por sistema de videoconferência, e dá outras providências. Disponível em: < http://www.planalto.gov.br/ccivil_03/_Ato2007-2010/2009/Lei/L11900.htm> Acesso em: 03-02-2016.

BRASIL. **Lei nº 7.210, de 11 de Julho de 1984.** Institui a Lei de Execução Penal. Disponível em: <http://www.planalto.gov.br/ccivil_03/leis/L7210.htm> Acesso em 8-10-2016.

BRASIL. **Lei nº 7.960, de 21 de dezembro de 1989.** Dispõe sobre prisão temporária. Disponível em: <http://www.planalto.gov.br/ccivil_03/leis/L7960.htm> Acesso em 15-11-2016.

BRASIL. **Lei nº 9.882, de 3 de dezembro de 1999.** Dispõe sobre o processo e julgamento da argüição de descumprimento de preceito fundamental, nos termos do § 1o do art. 102 da Constituição Federal. Disponível em <http://www.planalto.gov.br/ccivil_03/leis/l9882.htm> Acesso em: 03-02-2016.

BRASIL. Presidência da República. Ministério das Relações Exteriores. **Portaria 212 de 30 de Novembro de 2008.** Institui o Regimento Interno da Secretaria de Estado das Relações Exteriores. Disponível em: <http://www.itamaraty.gov.br/images/RISE.pdf> Acesso em: 03-02-2016.

BRASIL. Senado Federal. **Projeto de Lei do Senado nº 554/2011.** Disponível em: <http://www25.senado.leg.br/web/atividade/materias/-/materia/102115> Acesso em: 03-02-2016.

BRASIL. Senado Federal. Projeto de Lei do Senado nº 554/2011. **Emenda nº 13.** Disponível em: <http://legis.senado.leg.br/diarios/BuscaDiario?tipDiario=1&datDiario=03/10/2015&paginaDireta=00024> Acesso em: 03-11-2016.

BRASIL. Senado Federal. **Projeto de Lei do Senado nº 679/2011.** Disponível em: <http://www25.senado.leg.br/web/atividade/materias/-/materia/83412> Acesso em: 03-02-2016.

BRASIL. Supremo Tribunal Federal. **Arguição de Descumprimento de Preceito Fundamental 347.** Disponível em: <http://www.stf.jus.br/portal/processo/verProcessoAndamento.asp?incidente=4783560> Acesso em: 03-02-2016.

BRASIL. Supremo Tribunal Federal. ***Habeas Corpus* 126292.** Relator Ministro Teori Zavascki. Disponível em: <http://www.stf.jus.br/portal/processo/verProcessoAndamento.asp?incidente=4697570> Acesso em: 15-11-2016.

BULOS, Uadi Lammêgo. **Curso de Direito Constitucional.** São Paulo: Saraiva, 2010. 1653 p.

CALABRESI, Guido. **Some Thoughts on Risk Distributions and the Law of Torts (1961)**. Yale: Faculty Scholarship Series, 1979. Disponível em: <http://digitalcommons.law.yale.edu/fss_papers/1979> Acesso em 8-10-2016.

CANON, Bradley. **Judicial Activism.** Judicature, vol. 66, 1982-1983, p. 239.

CASTILHO, Ricardo. **Direitos Humanos.** 2ª ed. São Paulo: Saraiva, 2013. 406 p.

CHIAVENATO, Idalberto. **Administração nos Novos Tempos:** Os novos horizontes em administração. 3ª ed. Barueri: Manole, 2014. 626 p.

CHIESA rettoria. Disponível em: <http://sangiuseppedeifalegnami.it/> Acesso em: 7-12-2016.

COASE, Ronald H. **The Problem of Social Cost (1960).** Journal of Law and Economics Volume III, 1960. Disponível em: <**http://econ.ucsb.edu/~tedb/Courses/UCSBpf/readings/coase.pdf**> Acesso em: 8-10-2016.

COOTER, Roberto; e ULEN, Thomas. **Direito e Economia.** 5. ed. Porto Alegre: Bookman, 2010. 559 p.

DISTRITO FEDERAL. Tribunal de Justiça do Distrito Federal e Territórios. **Portaria Conjunta 101 em 7 de outubro de 2015.** Disponível em: <http://www.tjdft.jus.br/publicacoes/publicacoes-oficiais/portarias-conjuntas-gpr-e-cg/2015/portaria-conjunta-101-de-30-09-2015> Acesso em: 03-02-2016.

DWORKIN, Ronald. **Law's Empire**. Cambridge: Harvard, 1986. 470 p.

DWORKIN, Ronald. **Taking Rights Seriously.** Cambridge: Harvard, 1977. 371 p.

FERRAJOLI, Luigi. **Diritto e Ragione:** La Teoria del Garantismo Penale. 10. ed. Bari: Laterza, 2011. 1062 p.

FERREIRA, Aurélio Buarque de Holanda. **Novo Dicionário da Língua Portuguesa.** Rio de Janeiro: AGGS Indústrias Gráficas, 1975. 1499 p.

FURLANO, Fiori. **Fiore dei Liberi: Getty Representation.** Fiori dei Liberi Project. Disponível em: <http://www.the-exiles.org/FioreProject/Fiore%20Morgan%20MS%20Representation%20(Transcription).pdf>

GALVÃO, Danyelle da Silva. **É válido realizar a audiência de custódia por videoconferência?** Disponível em: <http://canalcienciascriminais.com.br/artigo/e-valido-realizar-a-

-audiencia-de-custodia-por-videoconferencia/> Acesso em: 03-02-2016.

GALVÃO, Danyelle da Silva. **Interrogatório por videoconferência.** São Paulo: LiberArs, 2015. 249 p.

GREEN, Craig. **An intelectual history of judicial activism.** Emory Law Journey, vol. 58, 2009, p. 1201. Disponível em: <http://heinonline.org/HOL/HeinOnlineForm>. Acesso em 17-05-2016.

GUERRA, Sidney. **Curso de Direito Internacional Público.** 8ªed. São Paulo: Saraiva, 2014. 607 p.

GUIMARÃES, Justino da Silva, *apud* GALVÃO (2015) **A evolução do interrogatório no direito processual penal brasileiro. Interrogatório online. Evolução ou involução?** Revista do Ministério Público do Estado do Maranhão, Juris Itinera, São Luís, n. 16, jan/dez. 2009.

HÄBERLE, Peter. Cultura y derecho constitucional. Buenos Aires: Revista sobre enseñanza del Derecho. Ano 7, número 13, 2009, ISSN 1667-4154, págs. 215-238. Entrevista concedida a Raúl Gustavo Ferreyra. Disponível em: <http://www.derecho.uba.ar/publicaciones/rev_academia/revistas/13/cultura-y-derecho-constitucional-entrevista-a-peter-haberle.pdf> Acesso em: 19-1-2017.

HOBBES, Thomas. **Leviatã.** São Paulo: Martin Claret, 2014. 147p.

INGLATERRA. **Magna Charta Libertatum.** Disponível em: <http://www.legislation.gov.uk/aep/Edw1cc1929/25/9/contents>. Acesso em 18-09-2016.

ITÁLIA. **Costituzione della Repubblica Italiana.** Disponível em: < http://www.studiocataldi.it/normativa/costituzione-rapporti-civili.asp>. Acesso em 3-1-2017.

LEAL, Saul Tourinho. **Controle de Constitucionalidade Moderno.** Niterói: Impetus, 2010. 396 p.

LOCKE, John. **The Two Treatises of Government.** London: Everyman, 1993. 277 p.

LOPES, José Reinaldo de Lima. **Decidir sobre recursos escassos: raciocínio jurídico e economia.** In. Direitos Sociais: Teoria e Prática. São Paulo: Método, 2006, p. 265-303.

LUHMANN, Niklas. **A Formação do Direito: bases de uma teoria sociológica.** In. Sociologia do Direito I. Trad. Gustavo Bayer. Rio de Janeiro: Tempo Brasileiro, 1983. p. 42-132.

MANKIW. Gregory N. **Introdução à Economia.** São Paulo: Cengage Learning, 2013. 824 p.

MARINUCCI, Giorgio e DOLCINI, Emilio. **Manuale di Diritto Penale:** 4. ed. Milano: Giuffrè, 2012.

MENDES. Gilmar Mendes; e BRANCO, Paulo Gustavo Gonet. **Curso de Direito Constitucional.** Brasília: Instituto Brasiliense de Direito Público, 2014. 1446 p.

MORTARI, Cézar. **Introdução à Lógica:** São Paulo: Unesp, 2001. 393 p.

PACELLI, Eugênio. **Curso de Processo Penal.** 19. ed. São Paulo: Atlas, 2015. 1065 p.

POLINSKY, A. Mitchell. **An Introduction to Law and Economics.** New York: Aspen Law and Business, 2003. 181 p.

POSNER, Richard A. **Economic Analysis of Law.** 5. ed. New York: Aspen Law and Business, 1998. 802 p.

REDAÇÃO CARTA CAPITAL. **Ministros do STF criticam Estado pelas condições do sistema prisional.** São Paulo: Internet. Disponível em: <http://www.cartacapital.com.br/politica/ministros-do-stf-criticam-estado-pelas-condicoes-do-sistema-prisional> Acesso em 27-07-2016.

REZEK, Francisco. **Direito Internacional Público: curso elementar.** 14 ed. São Paulo: Saraiva, 2013. 469 p.

ROUSSEAU, Jean-Jacques. **Do Contrato Social.** 3. ed. São Paulo: Martin Claret, 2000. 147 p.

SCHOPENHAUER, Arthur. **Como Vencer um Debate sem Ter Razão:** Em 28 estratagemas (Dialética Erística). Rio de Janeiro: Topbooks, 2003. 258 p.

TÁVORA, Nestor; e ALENCAR, Rosmar Rodrigues. **Curso de Direito Processual Penal.** 6. ed. Salvador: JusPodium, 2011. 1326 p.

TEUBNER, Gunther. **Dealing with Paradoxes of Law: Derrida, Luhmann, Wiethölter.** Yale: Yale Law School Storrs Lectures, 2003/04.

WEBER, Max. **Weber Selections in Translation.** Cambridge: Cambridge University Press, 1978. 398 p.

ZAFFARONI, Raúl E. **O Inimigo no Direito Penal.** Instituto Carioca de Criminologia. Rio de Janeiro: Revan, 2006. 222 p.

ANEXO – I

PORTARIA CONJUNTA 101 DE 7 DE OUTUBRO DE 2015

Institui o Núcleo de Audiência de Custódia – NAC no âmbito da Justiça do Distrito Federal.

Alterada pela Portaria Conjunta 58 de 19/07/2016

O PRESIDENTE, A PRIMEIRA VICE-PRESIDENTE E O SEGUNDO VICE-PRESIDENTE DO TRIBUNAL DE JUSTIÇA DO DISTRITO FEDERAL E DOS TERRITÓRIOS E O CORREGEDOR DA JUSTIÇA DO DISTRITO FEDERAL E DOS TERRITÓRIOS, em virtude de suas atribuições legais; do previsto no artigo 7º, item 5, da Convenção Americana sobre os Direitos Humanos – Pacto de São José da Costa Rica, promulgada pelo Decreto Presidencial nº 678/92; do artigo 9º, item 3, do Pacto Internacional sobre Direitos Civis e Políticos, promulgado pelo Decreto Presidencial nº 592/92; das recomendações do Conselho Nacional de Justiça; e das deliberações contidas no Procedimento Administrativo 18.297/2014,

RESOLVEM

Art. 1º Instituir o Núcleo de Audiência de Custódia – NAC no âmbito da Justiça do Distrito Federal.

Parágrafo único. O Núcleo de Audiência de Custódia será subordinado ao Núcleo Permanente de Plantão – NUPLA.

Art. 2º A audiência de custódia consiste na oitiva do preso em flagrante, sem demora, por autoridade judicial, a fim de controlar a legalidade e a necessidade da prisão, bem como de resguardar a integridade física e psíquica do detido.

Art. 3º A autoridade policial providenciará a apresentação do preso em flagrante, em até 24 horas após a sua prisão, ao Juiz competente para presidir a audiência de custódia.

Parágrafo único. Na hipótese justificada de não apresentação do preso, o Juiz adotará uma das providências previstas no art. 310 do Código de Processo Penal.

Art. 4º A audiência de custódia será presencial e ocorrerá nas dependências do Fórum Milton Sebastião Barbosa das 8 às 15 horas nos dias úteis e das 14 às 19 horas nos finais de semana e feriados.

Parágrafo único. A autoridade policial deverá providenciar a apresentação da pessoa detida até, no máximo, às 13 horas nos dias úteis e até às 18 horas nos finais de semana, feriados e feriado forense.

Art. 5º O auto de prisão em flagrante será encaminhado ao Núcleo de Audiência de Custódia – NAC, com a pessoa detida, nos termos do § 1º do art. 306 do Código de Processo Penal, oportunidade em que será juntada a sua folha de antecedentes penais.

Art. 6º O preso, antes da audiência de custódia, poderá ter contato prévio, reservado e por tempo razoável com seu Advogado ou com o Defensor Público.

Art. 7º Iniciada a audiência, o Juiz ouvirá o preso acerca de sua qualificação, condições pessoais, tais como estado civil, nível de escolaridade, profissão ou meio de vida, fontes de renda, local de residência e de trabalho.

Art. 8º Depois de devidamente qualificado e informado pelo Juiz do seu direito de permanecer calado, o preso será ouvido sobre as circunstâncias objetivas da sua prisão.

§ 1º Após proceder à oitiva, o Juiz indagará do Ministério Público e da Defesa, quando presentes, se restou algum fato para ser esclarecido, formulando as perguntas correspondentes se entender pertinente e relevante.

§ 2º O Juiz não admitirá perguntas que antecipem a instrução própria de eventual processo de conhecimento.

Art. 9º Ao término da audiência de custódia, o Juiz dará a palavra ao Ministério Público e à defesa, quando presentes, e proferirá decisão nos termos do art. 310 do Código de Processo Penal, atentando para as possibilidades de substituição da prisão preventiva pela prisão domiciliar, conforme os termos do art. 318, e de deferimento das medidas cautelares alternativas, previstas no art. 319 do mesmo diploma legal.

§ 1º Se houver a conversão da prisão em flagrante em prisão preventiva, o mandado de prisão será expedido pelo Núcleo de Audiência de Custódia - NAC, que providenciará, imediatamente, o respectivo registro no Banco Nacional de Mandados de Prisão - BNMP, nos termos do art. 289-A do Código de Processo Penal.

§ 2º Em caso de relaxamento da prisão, concessão de liberdade provisória, com ou sem fiança, ou deferimento de medidas cautelares diversas da prisão, o Núcleo de Audiência de Custódia - NAC providenciará a imediata expedição do alvará de soltura.

Art. 10. O Juiz, com base nas informações colhidas na audiência de custódia, poderá determinar o encaminhamento do preso, mediante ofício, ao Instituto Médico Legal - IML para a realização de exame de corpo de delito complementar e, se for o caso, oficiar à Corregedoria da Polícia Civil ou Militar e ao Ministério Público para a apuração de eventuais abusos ocorridos no momento da prisão.

Art. 11. De todo o ocorrido na audiência de custódia será lavrada ata circunstanciada, que conterá o inteiro teor da decisão proferida pelo Juiz e a assinatura dos presentes.

§ 1º As oitivas, durante a audiência de custódia, poderão ser registradas com a utilização do sistema de gravação audiovisual.

§ 2º A ata da audiência, instruída, se for o caso, com mídia, será anexada ao auto de prisão em flagrante, e caberá ao Núcleo de Audiência de Custódia – NAC providenciar o imediato encaminhamento deste ao juízo de natureza criminal competente.

Art. 12. Serão designados pela 1ª Vice-Presidência Juízes de Direito Substitutos para atuarem no Núcleo de Audiência de Custódia – NAC nos dias úteis e, pela Corregedoria, para atuarem nos finais de semana e feriados, juntamente com os magistrados em atividade no NUPLA.

Art. 13. Serão designados servidores para atuar no Núcleo de Audiência de Custódia – NAC, os quais deverão praticar todos os atos necessários à realização da audiência de custódia, tais como registro, documentação e encaminhamentos, além de outros determinados pela autoridade judiciária competente.

Art. 14. Esta Portaria entra em vigor na data de sua publicação.

Desembargador **GETÚLIO DE MORAES OLIVEIRA**
Presidente do Tribunal de Justiça do Distrito Federal e dos Territórios

Desembargadora **CARMELITA BRASIL**
Primeira Vice-Presidente do Tribunal de Justiça do Distrito Federal e dos Territórios

Desembargador **WALDIR LEONCIO JUNIOR**
Segundo Vice-Presidente do Tribunal de Justiça do Distrito Federal e dos Territórios

Desembargador **ROMEU GONZAGA NEIVA**
Corregedor da Justiça do Distrito Federal e dos Territórios

ANEXO – II

Quadro 3: Descrição dos termos utilizados no Modelo Comparativo entre as Audiências de Custódia e o Sistema de Análise dos Autos

TERMO	SIGNIFICADO
Δsap	Diferença entre os Sistemas de Análise de Prisão
Sac	Sistema das Audiências de Custódia
Saa	Sistema da Análise dos Autos
Racs	Resultado na Audiência de Custódia de Soltura
Raas	Resultado na Análise dos Autos de Soltura
Racns	Resultado na Audiência de Custódia de Não Soltura
Raans	Resultado na Análise dos Autos de Não Soltura
p	Probabilidade de soltura nas Audiências de Custódia
1-p	Probabilidade de não soltura nas Audiências de Custódia
p’	Probabilidade de soltura na Análise dos Autos
1-p’	Probabilidade de não soltura na Análise dos Autos
Cas	Custo da Audiência de Custódia
Caa	Custo da Análise dos Autos
Ce	Custo do Encarceramento

Fonte: O autor.